坂口孝則

買い負ける日本

GS
幻冬舎新書
696

はじめに

悲鳴は、２０２１年の初頭から入ってきた。

絶望的なモノ不足について語ってくれたのは、私が仕事で関わりをもった機器装置メーカーの調達関連責任者だった。遅れて会議室に入ってきた氏は、社内中が大混乱していて、ついさきほどまで納期調整に奔走していたという。

「電子部品を注文しているが、納期が2年先とか3年先とか言われています。現在は在庫を切り崩して対応したり、該当の部材を使わない製品を生産したりしているものの、すぐに行き詰まるかもしれない」

当然だが、部材の一つでも手に入らないと完成しない。その他、何が足らないのだろうか。

「何が足らないかと言われると……。あえて言うなら、すべて」

先に上げた電子部品、材料、ハーネス、基板。そして労働者と、製品を運ぶ物流。それらすべてが不足する異常事態にあった。*仕入先からの納期回答は日に日に後ろ倒しされていく。後ろ倒しされるくらいならまだマシで、大半が納入日未定になっていた。

「仕入先に連絡すると、まったく生産の目処《めど》がつかないと言われます。理由を聞くと、彼らも生産に必要な部材を調達できていない。２次、３次の仕入先から納入されない状況で、もはや追いかけられないんですよ。入ってくる予定だった部材も、どっかに取られたとか、運べなかったとかで。ウチの分は『あと回しにされている』と正直に言ってきた仕入先もいましたね。そこから、価格は通常の１００倍だけど中国のどこかの商社が部材をもっているといった話が聞こえてきて、ためらっていると在庫がなくなっていて途方にくれました」

２０１９年末に発生した新型コロナウイルスは２０２０年に深刻な影響をもたらしていた。グローバルサプライチェーンは網の目のようにつながっている（サプライチェーン：供給連鎖。原材料・部品の購買から販売にいたる一連の流れ。上流から下流までの調達・加工・在庫・物流）。どこかの国の機能不全は、世界中の企業に影響をもたらした。従業員が出社できない、生産できない、モノを運べない。供給面での問題があった。

　そしてこのときは２０２１年。２０２０年初めに２万９０００ドルほどを付けていたダウ・ジョーンズ工業株価平均は、コロナ禍で２万１０００ドルほどに急落。消費低迷の懸念から企業業績を不安視する見方が広がった。

　しかし、その後、株価は急回復を見せ、２０２１年初頭には３万１０００ドルを突破、半ばには３万６０００ドルまで伸びた。巣ごもり需要や、コロナ禍で各国が積極的な財政政策を講じたことにより、中ごろから、それまで落ち込んでいた消費を刺激したためだ。

　コロナ禍による影響が払拭《ふっしょく》できないなか、消費は旺盛になったが、供給面の制約があり世界中で限られたパイを巡って取り合いになった――。一般的にはこう説明されている。

　私は当時、本業のコンサルティングは客先との対面が叶わずに、ウェブ会議システムを活用していた。２０２０年初頭には、そもそも景気の先行きを懸念しコンサルティングのプロジェクトの延期が続いた。

　その後、景気の浮揚に伴いプロジェクトは急速に復活し、ほどなくすると「納期問題が大変でプロジェクトどころではない」とする声が相次いだ。

　この数年間、同じ発言を聞かされた。ウチはマイナーな産業だから、ウチは中小だから、ウチは購入量が少ないから、ウチは仕入先との関係が弱いから……。まるで「ウチ」以外は買う力が強いといわんばかりだ。ピラミッド構造の上部にいる企業は購入量が多いので、他企業よりも優先してもらえるため、支障なく生産を継続できる、と誰もが思っていた。しかし、それは幻想だった。

２０２１年初頭には、自動車メーカーが相次いで工場を稼働停止させるニュースが飛込んできた。理由は、部材不足。強固なシステムとして知られた、自動車産業のサプライチェーンシステム——系列とジャスト・イン・タイムで必要な時期に必要な数量だけを調達し必要な量を生産し販売する仕組み——の神話が崩壊した瞬間だった。

これまで「買い負け」とは、主に食料関連のニュースで使われてきた。他のアジア各国に魚類などを高値で競り落とされた報道に触れる機会が多い。しかし、その「買い負け」が食料だけではなく、さまざまな商品に広がり、さらに日本の多くの企業に影響を及ぼしていると、一体どれほどの人が気づいているだろう？

この数年、さまざまなメディアの方から、昨今のサプライチェーンの混乱について解説してほしいと依頼を受けた。ある編集者はこう言った。

「コロナ禍やロシアのウクライナ侵攻を背景とする外因をしっかり分析しなければなりませんね」

しかし、外因だけが理由だろうか。もちろん、コロナ禍やロシアのウクライナ侵攻は重要な変化であったに違いない。しかし、それは外因であって、近年の買い負けは、日本の内因がついに表出したといえないだろうか。

その内因とは、まず日本経済全体の凋落だ。もしいくらでもお金を払えるなら買い負けは多少なりとも緩和するだろう。そして企業の内因としては、冒頭で紹介した機器装置メーカーの調達関連責任者のコメントが象徴している。すなわち、多層構造ゆえに全体が見えていないこと、要求品質が過剰で仕入先から敬遠されていること、さらに決断の遅さ。

これらはかつて日本企業が成長した特性ともいえた。しかし現在、それらは逆回転をはじめている。

人びとは、大きな変化には気づく。しかし、ゆっくりとした変化にはなかなか気づかず、実感をもちにくい。かつて栄華を誇った日本企業群がもはや他国から積極的に売ってもらえなくなっているとすれば？

見たくない現実を見続けないと、おそらく起死回生の一手を練ることも難しい。ならば、と思った。いま、見たくない現実を突きつける内容を書いてみようと。これは日本の「買い負け」を通じた日本企業論にほかならない。

本書で書いた「買い負け」商品のなかで、読者が読むタイミングによっては落ち着いているものもあるかもしれない。需要の減少によっては、「買い負け」どころか、難なく調達できるかもしれない。しかし、個別商品の現状がどうかなど、私は究極的には興味がない。

私が本書で描きたかったのは、「買い負け」事例を通じた日本企業の宿痾《しゅくあ》であり、世界経済のなかで30年ほど停滞し続けている日本企業の体質である。

繰り返す。個別商品の現状がどうかなど、私は究極的には興味がない。

現状を俯瞰しつつ、一つひとつの事象をすくい上げるとともに、その深層にもたどり着きたいと私は思う。買い負けの真因として日本企業の機能不全があり、それゆえに私たちにとって大きな危機が訪れていることを知るために。

＊本書ではモノやサービスを販売する「取引先」「サプライヤー」「購入元」などの用語を「仕入先」と統一した。

買い負ける日本／目次

図版・DTP　美創

第一章

売ってもらえない国、日本

1　半導体を売ってもらえない

半導体不足と日本産業の停止

「半導体不足でトヨタの生産が止まるの？」

これまでなら考えられない状況だった。王者として君臨してきた自動車産業のつまずきといえた。２０２１年に入った直後から自動車メーカーの工場稼働停止や生産台数減が相次いで発表された。トヨタが止まった。ホンダが止まった。日産が止まった。

日本勢だけではなく、フォード、ゼネラル・モーターズ、フィアット、フォルクスワーゲン等も同様だった。

理由は、半導体を調達できなかったから。その後、半導体不足で月の生産量が４割減になる自動車メーカーが出るなど、これまでの常識でいえば〝異常状態〟が続いた。あの自動車メーカーがちっちゃな半導体を入手できないのか——。

半導体は大きく分けて、演算を行うロジック半導体と、データを記憶するメモリーと、その他がある。とくにロジック半導体が当時はどれも入手困難だった。

結果、高級車の納車まで2年、ＳＵＶ（スポーツタイプの多目的車）でも1年半、軽自動車でも1年は当たり前、といった状態が続いた。二輪でも半年待ち、1年待ちになった。

そもそも自動車には数百個もの半導体が使われている。制御用のマイコンから、パワー半導体。もちろん基板には電子・電気部品が無数に必要だ。これが電気自動車になると、もっと多くの半導体が搭載される。影響は深刻だ。

では半導体不足はどれくらいの損失を与えたのか。たとえば２０２１年に自動車メーカーは、半導体がなく生産できなかったために２１００億ドルの損失があったとする推計がある。アウトドアブームがあり高価格帯の自動車が売れるなど好調な側面が報じられることがあったが、自動車メーカーの生産は半導体不足に苦しんだ。

もともと新型コロナが生じた直後の２０２０年前半には自動車の生産が落ち込んだ。あれだけの感染症だ。景気が後退局面にあると考えるのも普通だっただろう。株価は落ち込み、生産が手控えられたため、半導体は不要になった。自動車メーカーとしてはコロナ禍が不安で、半導体の購入を控えようと注文をキャンセルした。正確には自動車のモジュールを生産する仕入先企業を通じて間接的に半導体をキャンセルした。

しかし、大半の予想とは逆に、コロナ禍のなかで思わぬ需要の急回復と、さらに供給減が起きた。

・巣ごもりによる、パソコン、スマートフォン、通信機器類の需要が増加
・これに伴ってデータセンター等向けの半導体需要が増加
・米中経済戦争により中国企業から台湾のファウンドリー（半導体製造企業）への委託量が急増し供給を圧迫
・新型コロナウイルス感染者の増加に伴い、各国の物流関係施設での遅延が発生

さらに日本で半導体を生産している旭化成マイクロシステムの延岡事業所は2020年に、ルネサス セミコンダクタ マニュファクチュアリングの那珂工場は2021年に、それぞれ火災が発生。復旧までの数か月は供給が大混乱した事件もあった。

もちろん半導体不足は自動車産業だけではなかった。さきにあげたパソコン、スマホも需要急増で生産に支障が出たし、機械・設備、家電、オフィス機器、給湯器などのキッチン関連製品など、半導体を使用するすべての産業に工場の稼働率低下、停止といった影響を与えた。

またコロナ禍前半に半導体をキャンセルしたのは自動車メーカーだけではない。ただ半導体メーカーとしてみれば、顧客がキャンセルして、すぐさまやはり半導体をほしいといわれてもすんなりと供給できるはずがない。むしろ半導体メーカーの反感を買った。

半導体商社も急なキャンセルが相次いだ経験から、急に必要だといわれても在庫水準をあげて半導体を供給するのが難しかった。

現場で起きていた混乱

半導体が逼迫《ひっぱく》しようとしていたとき、「2か月以内に1年分の確定発注をお願いします」と各半導体メーカーは客先に依頼した。しかし日本の客の反応は遅かった。そもそもなぜ1年分の発注を確定しなければならないのか、数か月先の数量もわからないのに、1年なんて予想できない……。それらは日本の客からすれば素直な反応だった。しかし、半導体の〝取り合い〟状態においては決定的に遅かった。

「2か月以内」といっても、各半導体メーカーのもとには世界中から続々とオーダーが入っていた。そのあいだに日本企業内では、半導体確保のために担当者が稟議《りんぎ》書《しょ》を書き、中間管理職、部長、役員……と無数の承認を得ていた。そしてそれぞれのプロセスでは誰も責任を取らないでいいように、細かな質問が相次いでいた。担当者がそれに対応するために、各半導体メーカーか半導体商社に質問を送って、その返答を待つあいだに時間は刻々と過ぎていった。

２か月ギリギリのうちに返答した日本企業もあったが、それでも、半導体アロケーション（配分比率）が決まったあとだった。つまり、トップダウンで半導体の確保に動いた外国企業が確保したあとだったのだ。

その後、納期が１年先、２年先になる通知が届き、現場は大騒ぎになった。

どのような状況だったのだろうか。

半導体製造装置関連メーカーの部長が教えてくれた。

「欧米の半導体メーカーはひどかった。納期が間近なものであっても、出荷直前になって『ロットアウト（検査基準をクリアできず不良になる現象）した』といってくる。しかし実際はそんなことはない。米国の企業に流れていたと聞きました」

正規ルートから入手できない以上は、さまざまな方法が講じられた。２０２１年から２０２２年に企業のサプライチェーン・調達に関わった人なら、ほとんどが同じ目にあっている。モノがどこで買えるかを探して奔走していた。

「大変な時期でした。中国の商人たちが通常の100倍の値段で買っていく。10円のロジック半導体なら1000円です。それをさらに150倍の1500円でブラックマーケットに流すんです」

ブラックマーケットとは素性のわからない有《う》象《ぞう》無《む》象《ぞう》の世界だ。

この時期には、ブラックマーケットや怪しげな卸売業者を通じて半導体を入手した日本企業が多かった。もちろんその多くは怪しげなものだった。そこで各社はサンプルを取り寄せ、X線試験をしたり、製造日とロットナンバーを正規メーカーに問い合わせて純正品か確認したりした。

「あまりに半導体が足りなくて、どんなブラックマーケットにも探しに行きました。よくわからない企業がもっている場合がある。切羽詰まっているので、見つけたら、とりあえず購入するんです。たとえば半導体A社のマレーシア工場で生産されたロットナンバーXXXの半導体が見つかったと。購入して日本に取り寄せて、そのA社にそのロットナンバーXXXは正規品なのかを聞いていました。すると、『そもそも私たちにはマレーシア工場なんかないですよ』って言われて苦笑しましたね」

それだけ混乱が続いていたのだ。

続けて、産業機器関連企業の役員が教えてくれた。

「3年間ほど混乱していたので、偽物を見抜く力がつきましたよ（笑）。半導体を梱包する段ボールに貼られたバーコードが黒マジックで塗りつぶされている流通品が純正品だといわれた。なぜならそれはメーカーから横流しされているから出元がわからないようにする。ただ偽物は、パッケージも偽造するから黒マジックのような変な工夫はしない」

そのような力を習得してしまうほど、苦労の連続だったわけだ。

とはいえ、日本には外資系半導体メーカーの日本拠点がある。日本拠点は役に立たないのか。多くの場合、日本拠点は本国のセールス・サポートの位置付けだ。本国の生産管理部門に口出しできる権限をもたない日本拠点が多い。少なくとも口出しをすると日本拠点長がレイオフされる現実がある。これまで、買い手である日本企業側に肩入れしてくれる〝優秀な〟日本拠点長ほどすぐ消えると多くの人から聞かされた。

あるサプライチェーンのマネージャーは呆れたように話す。

「外資系の日本支店や拠点がありますよね。彼らは米国本社から売上をコミットさせられている。でも、それだけなんです。米国本社が生産とか割り振りを決めていて『日本の顧客から納期を催促されているから急げ』と強く言えない。売上目標が高いから受注はどんどん獲得する。でも納入できない。これは『納める納める詐欺』ですよ」
これは日本拠点が本国に英語でタフな交渉ができない構造上の問題だ。あくまで米国本社からすれば東アジアの一国、一企業。そこを優先させたいインセンティブは存在しない。

日本はどれだけ買い負けたのか

半導体を調達できない関係者の恨み節を紹介した。ところで外国との比較で、日本は実際に買い負けているのだろうか。

この、各国の買い負けを定量的に示すのは難しい。というのも、たとえばｉＰｈｏｎｅを考えてみよう。米国は半導体を調達するといっても、実際にはその半導体は中国の深センにある鴻海《ホンハイ》科技集団（フォックスコン）が調達してｉＰｈｏｎｅを組み立て、米国に完成品が届く。また統計上、ある国が１００個の半導体を調達していたとする。それは２００個を調達したかったが１００個だけしか入手できなかったのか、１００個を注文して１００個を手に入れたのかわからない。また各国経済の状況もある。

そこで国連の貿易データから見てみよう。２０２１年に輸入できた額を、コロナ禍前の２０１９年の額で割った。電子機器類では次のようになっている。

・米国：124・0％
・ドイツ：126・5％
・中国：124・7％
・韓国：124・5％
・台湾：145・5％
・日本：107・0％

なお、繰り返すと、これがイコール「買い負け」とはならない。とはいえ、輸入した額をコロナ禍前とコロナ禍後で比較すればこのようになる。

また参考までに、電子機器類のうち「電気・電子機器用部品」のみで2019年と2021年の輸入額を比較しても、同じアジアで中国は136・6％で台湾は153・3％となっているが、日本は116・3％となっている。

さらに、あとで詳しく説明するが、世界の半導体製造を圧倒的シェアで引き受けるTSMCという台湾企業がある。

そのＴＳＭＣは四半期ごとに地域ごとの売上高を発表している。そこで確認するとコロナ禍が始まった２０２０年の第１四半期〜第２四半期には日本の売上高比率は５％だ。なおコロナ禍直前の２０１９年第４四半期にも５％だった。もともとたった５％ともいえるが、そこから２０２０年下半期〜２０２１年上半期には４％にむしろ下落している。また同時期の北米向けは50％台から70％前後へと急拡大している。

これらから見ても日本企業は買い負けに近い状況だったと思われる。

半導体の流通ルートと構造的問題

そもそも半導体を日本企業が調達するまでの流通ルートはどうなっているだろうか。

ざっくりいえば、半導体設計があり、半導体製造装置があり、実際に生産するファウンドリーがあり、半導体の元になるウエハーがある。主要な国は次のように思っていただければいい。

・半導体設計：米国、欧州（ライセンス）
・半導体製造装置：米国、日本

・ファウンドリー：台湾
・ウエハー：日本

一般的に〝メーカー〟とは、モノを生産する企業を指す。しかし、半導体メーカーは各プレイヤーが役割に応じて分かれている。そして今回の半導体不足で問題になったのは、さきほど紹介したTSMCやUMC等の台湾を中心としたファウンドリーだった。ファウンドリーの生産能力を奪い合っていたのだ。

ITというと私たちは、SNSやパソコン、サーバーやスマートフォンを想像する。しかし、それらは機器に実装される半導体ぬきには存在できない。GAFAMといわれる、Google (Alphabet)、Amazon、Facebook (Meta)、Apple、Microsoft、あるいはNetflixを加えてもいいが、これらの企業が提供するサービスはファウンドリーのTSMCがなければ実現できない。世界中の企業がTSMC中毒状態だといえる。日本の半導体メーカーも多くが関係をもち、たとえば日本でもっとも有名な車載用半導体メーカーにルネサスエレクトロニクスがあるが、やはりかなりの部分をTSMCに生産委託している。

そもそも近代的な半導体は終戦直後の1948年から始まった。米国のベル研究所がトランジスタの性能について発表。それを全世界が無視する中、その可能性に驚愕し狂気と熱情をもって開発したのがソニー（旧：東京通信工業）だった。そこから日本の半導体産業が勃興。かつて日本には「日の丸半導体」といわれた強いメーカー群があった。ＮＥＣ、日立製作所、東芝、富士通などが世界を席巻した。現在を遡るとたった30年ほど前には、日本の半導体産業は世界の50％ほどを占めていた。しかし現在は10％もない。

このシェアの変化が日本の半導体を調達する力にも影響を及ぼしている。装置メーカーのサプライチェーン統括者が言う。

「今回の半導体入手不足はとにかく大変でした。ただ、これはもはや構造的な問題なので、今後また半導体の需要が急増した場合には日本企業はもっと苦しくなるでしょう。米国の生産はさほど多くないけれど、米国には多くの半導体関連企業の本社があります。米国は買うだけじゃなくて他国に売れるものがある。だから強いんです。調達とは駆け引きで、交渉事です。『自国は買うだけじゃなくて、そちらの国に輸出できる重要物質がある』。こういう交渉が効くんです。日本の半導体が弱くなったのは、想像以上の影響があります」

少し説明が必要だろう。米国企業Ａ、米国企業Ｂ、日本企業Ｃがあるとする。米国企業Ａから部品を調達して日本企業Ｃは生産する。そして日本企業Ｃは米国企業Ｂに販売する。

このとき、日本企業Ｃが販売する商品が大変に貴重で、米国企業Ｂが欠かしてはならないものとする。当然ながら、米国企業Ｂは日本企業Ｃにたいして優先的に販売してくれと要請する。このときに日本企業Ｃは「検討するが、代わりに米国企業Ａから部品が入りにくくなっているのでサポートしてくれないか」と米国企業Ｂに依頼する。同国内だから意思疎通もしやすいのか、両米国企業同士で調整してくれる。

ただ日本企業が買うだけだったらフォローしてくれない。かつての日本がそうだったように、半導体など世界にアピールできる製品が多ければ、そのぶん買う力も大きかったわけだ。実際に米国の顧客企業から「米国にある仕入先から調達できない部品や材料があったら教えてくれ。こちらがフォローする」といわれた日本企業は多い。つまり引き換えにできる製品を生産している国は、それを武器に交渉できるというわけだ。

特定の産業が強いことは、他の産業にも優位性を与える。

ＴＳＭＣという半導体の心臓部

ところで、さきほどから何回も登場している半導体受託製造企業のＴＳＭＣは、ファウンドリーとして、世界の半導体の60％弱を生産する。異常なほどのシェアといっていい。

このＴＳＭＣのような会社を生み出せなかったことが、半導体以外の日本の買い負けにもつながるように思えるので紹介したい。

ＴＳＭＣは１９８７年に設立。１９８６年には米国と日本の貿易摩擦が本格化した末に日米半導体協定が締結された。これは不平等協定と呼ばれ、日本市場で外国の半導体シェアを拡大することになった。当然ながら米国半導体のシェアも上昇する道筋ができた。

ただし、米国は半導体のシェアは上げたいものの、自ら生産したいわけではなかった。半導体製造の上流である設計や知的財産は押さえたいものの、製造拠点は別にしたかった。アジアは安価な労働力が豊富だったし、アジアに製造を委託したい企業はたくさんあった。ただし地政学的に、西側陣営ではない国に全面依存するのは危険だ。そこで受け皿になったのが台湾でありＴＳＭＣだった。

そもそもＴＳＭＣの設立者であるモリス・チャン氏自身が、半導体が背負う複雑な世界状況を体現している。中国本土で生まれ戦時下をなんとか生き抜き、渡米しハーバード大学に学んだ。そして米国半導体企業テキサス・インスツルメンツで働き、米国の半導体産業を底上げした。その後に台湾から特別に招聘《しょうへい》される形でＴＳＭＣを設立した。

現在、地政学的なホットスポットである中国、米国、台湾に移り住んだ。国際社会を生きる術として半導体に賭けた台湾政府だったが、米国の有名企業や台湾政府からの協力を取り付けたモリス・チャン氏はさらに大きな賭けに出た。半導体において、設計を切り離し、ファウンドリー事業に特化したのだ。

これには大きな意味があった。たとえば、A社に半導体製造を委託するとする。そのA社に自分たちが設計した半導体のノウハウを盗まれるかもしれない、そしてA社は独自ブランドで半導体を販売し始めるかもしれない――、と考えるのは当然だろう。

しかし、TSMCは「安心してください。私たちはファウンドリーであり、設計はしません。あくまで製造です」と宣言したのだ。これによりTSMCを活用するリスクはなくなった。

サムスンはファウンドリー事業を行っている。ただし、サムスンはスマートフォンをはじめとするさまざまな商品を自ら販売している。だからファウンドリー事業では、多くの注文者と実質的には競合状態にあった。その競合への懸念を払拭できたのがTSMCの強みだ。

さらに台湾政府の援助も後押しした。台湾の半導体産業は、減価償却年数短縮などの税務的支援、高度人材が各社を流動する文化、同じく高度人材の誘致と教育などが功を奏したといわれる。おそらく一つの理由ではなく、偶然と偶然が重なり現代の奇跡を生んだのだろう。

TSMCは台湾官民の結晶であり、初期のTSMC幹部は多くが米国半導体企業での勤務経験があるメンバーだった。ゆえに米国企業の顧客を呼び込むのは自然だった。

台湾はもはや半導体で世界的に最重要な場所だ。私は国際政治が専門でないが、台湾にTSMCなどの半導体企業がなければ、中国による台湾侵攻の可能性についてこれほど国際的に関心をもたれなかったに違いない。

TSMCとしても大量の注文を呼び込むことで、スケールメリットが生じた。徹底的に生産効率を上げ、他社ができないレベルの微細化を実現できるようになった。

進化のためにTSMCは毎年、数兆円の投資を継続する。TSMCと取引をした複数の企業にしてみれば「他社がやってくれないような難しい仕事を引き受けてくれ、さらに具現化してくれる」稀有なファウンドリーであるのは間違いない。それだけ莫大な金が投じられ、さらに優秀な人材が惹きつけられているのだ。

このようにしてTSMCは顧客に製造拠点を持たない経営を実現化させ、そして製造を依存させていった。時計の針が戻ったら――と私は思う。80年代後半に、日本でTSMC

のような企業を設立可能だったのだろうか、と。

買い負けの現代的背景(1)政府の動き

日本が買い負ける背景として、日本半導体産業の世界的地位低下をあげた。その他、現代的背景を政治の面から示す。米国はなんでもやった。

ホワイトハウスでは2021年4月、ジョー・バイデン大統領が「CEO Summit on Semiconductor and Supply Chain Resilience（半導体のCEOサミット）」と名付けた決起集会を開いている。これはホワイトハウスと半導体・IT関連企業のトップを集めて開いたものだ。

ホワイトハウスのホームページでも内容を確認できるが、YouTubeで当日のバイデン大統領の様子を見ると、わざわざ半導体のウエハーを左手で取り関係者に「これがわれわれのインフラストラクチャーであり、多額の投資を行う」と宣言している。

石油や鉱物が眠っている場所は神様が決めたかもしれない。ただし、どこで半導体を生産するべきかは人間が政治的に決めるのだ。

さらに2021年9月23日に米国の商務長官であるジーナ・レモンド氏は半導体不足が

ボトルネックであるとし、代表的な半導体メーカーにたいして透明性を図るように伝えた。これは各社に需要量や在庫量などを開示するように求めたのだ。当然ながら契約情報などは機密にあたる。大きな反発は当然だった。しかし、米国は世界の中心であり、強引な手法であっても世界の半導体メーカーの注意を米国に向けさせ、もし歯向かったら何が起きるかわからない、と思わせるにはじゅうぶんだった。

なおこの動きは一例で、他にも米国政権が半導体業界を牽制すると、ただちに米国の自動車メーカーが米国政府の姿勢に賛同し半導体各社に早急な納入を求める動きが多々見られた。官民が一致していた。

さきにも紹介した装置メーカーのサプライチェーン統括者は感心するように、そして呆れるように「米国政府は世界の半導体各社に米国優先の圧力をかけていた。あれだけプッシュするんだから強いですよ」と述べている。

同時に米国政府は、次々に半導体への投資を決定していった。研究や工場誘致、減税など、円換算で３～５兆円規模が次々に可決され、過激なほどだった。ただ半導体誘致にはそれほどの狂気が必要なのかもしれない。

時計の針を進めるが、米国での新工場設立に際し、２０２２年12月にＴＳＭＣが発表したアナウンスは示唆的だ。アマゾン、ＡＭＤ、アップル、ブロードコム、ＮＶＩＤＩＡといった名だたる企業らがＴＳＭＣの米国工場建設について賛辞を連ねている。そのいっぽうで、ＴＳＭＣ会長のマーク・リュウ氏は「米国に連れてきてくれて（has brought us here）ありがとうございます」と述べているのが印象的だ。自ら望んで進出したわけではないけれども、米国に呼んでくれてありがとうと。中国に配慮した内容だったかもしれない。経済合理性ではなく、政治的な色彩が濃かったと暗に述べているように私は思う。

　ＴＳＭＣは日本と米国に工場を設立している。ただ、先端の技術はさすがに台湾に残しているので、台湾の重要性は残るはずだ。この意味でＴＳＭＣは米国に完全に抱き込まれたわけではない。

　いっぽうで日本はどうか。２０２１年の記者会見では、梶山弘志経済産業大臣（当時）は「自動車用の半導体の供給不足が生じていることは承知をしております。政府としては、日本台湾交流協会を通じて自動車業界と連携した上で、台湾当局に対し、メーカーの増産に向けた働き掛けを行っているところであります」とし、政府高官が台湾に渡って、台湾政府とＴＳＭＣにたいして日本向けの半導体製造を増産するよう要求した、と明かしている。

もちろん日本側も努力はしたと思う。ただ、ここで明らかになるのは、日本と違って米国は大統領が直々に半導体を確保するよう動いている点だ。それ以前にも、トランプ前大統領が中国の半導体を封印しようとしていた姿勢は記憶に新しい。

それに対して日本には、首相ができることはなんでもやる、という狂気は見られなかった。

買い負けの現代的背景(2)日本企業の認識のズレ

まったく個人的な話だが、私は自動車メーカーの研究所で働いていた経験がある。自動車メーカーでは調達担当者が工場に出社して、製造ラインが止まっているときほど恐怖する瞬間はない。それは「あってはならないこと」が起きたのであり、さらに自分の担当している部材が原因ならば大問題だ。

自動車は数万点の部品で成立している。たった一つの部品であっても、なければ生産が止まる。ささいな部品であっても、重要部品であっても、止まる意味では等価だ。製造ラインが止まるのは、めったになかったことだから「寿命が縮まる」といっていた人もいた。逆にいえば、それだけ「納期通りに部材が入って当たり前」の世界だ。自動車産業は自身を中心に仕入先が回る〝天動説〟的な考えをもっている。自動車産業では垂直統合といって、自動車メーカーがピラミッドの頂点として君臨していた。

ただし、自動車産業は半導体メーカーとソリが合わない点がある。

一つ目は、商習慣だ。

自動車産業では、確定発注数量が決まる前に、事前情報を仕入先に提示する。現実にはこの内示を把握した瞬間に動き出さなくてはならない。

自動車メーカーは、ジャスト・イン・タイムで仕入先から納品してもらっている。直接、自動車メーカーに納品するこの仕入先をティア1と呼ぶ。このティア1が半導体を購入し、部材を組み立て自動車メーカーに供給する。自動車メーカーが数量の見通しをティア1に伝え、その見込みが甘いとティア1は半導体の注文をキャンセルせざるをえない。コロナ禍などで不景気になると調達した半導体が在庫として積み上がってしまい、経営にダメージを与えるからだ。

つまり半導体の調達は自動車産業とそもそも相性が悪いといえる。自動車メーカー側はギリギリに発注して、ジャスト・イン・タイムで納品されるのに慣れているし、それができる環境に甘んじてきた。

ただこの甘えは、自動車産業に限った話ではない。私たちは半導体のサプライチェーンなど真剣に考えてこなかったし、半導体が命運を握るとまで考えた人はいなかった。かつて日本は製造業大国で、かつ右肩上がりだった。購入量は世界随一。ただし、現在では中国などのアジア各国が力をつけてきた。必然的に日本の相対的なシェアは下がる。さらに日本は少子高齢化と経済成長の停滞で、ここから購入量が上がるとは考えにくい。

アロケーション（配分比率）については、結局のところ、販売する企業が、誰に販売するかを決める。複数の関係者は「アロケーションに関わる責任者にとって日本企業は魅力的に映っていない」とする。

二つ目は、使用している半導体の回路幅だ。

半導体は微細化技術が肝だ。小さな面積のなかに多くのトランジスタを配置する。微細化ができるほど高性能になり商品の差別化につながっていく。

現在、世界先端の微細化技術を有するのはＴＳＭＣ、次に韓国サムスンだ。米国のインテルが次順位につける。微細化の先端度合いを回路幅のナノで表現する。直観的にはナノ数が小さいほど半導体回路の同一面積に多くの回路を詰め込める。現在、自動車産業で使われる半導体は40ナノていどだ。しかし、スマートフォンでは7ナノといった高性能品が使われる。スマートフォンは一台に100億以上の微細なトランジスタを組み込んでいる。

またTSMCは2ナノの開発や、1ナノの研究を進めるなど、業界内では独走している。新型コロナウイルスは100ナノメートルだから半導体の微細技術の凄さがわかる。

ここでTSMCの2022年第4四半期産業別売上高を見てみよう。

・ハイパフォーマンスコンピューティング：42%
・スマートフォン：38%
・IoT：8%
・自動車：6%
・デジタル消費電気機器：2%
・その他：4%

こう見ると、自動車向けはたったの6%にすぎない。しかもこれは自動車産業を主とする各国高官からのプレッシャーによって上昇した結果だ。少し前には4%しかなかった。

しかしそれでも6%だ。つまり、自動車など、TSMCにしてみればささやかな比率にすぎない。

車載用の半導体は利益が稼げないわりには品質要求が高い。周りを見渡せばスマートフォンやコンピュータなど、もっと半導体を高く購入してくれる業界がある。〝天動説〟の自動車産業から見える光景とは違い、ファウンドリーからすれば、単価が安く質には口うるさい顧客と映る。さらに売上比率も高くはない。これまで自動車産業は景気が悪くなればただちに内示数量を減らし、景気が浮揚すれば「早くもってこい」と催促する需要家だったが、現在では半導体を中心とする〝天動説〟の世界が広がっているのだ。

なお、これは日本の自動車メーカーだけが旧世代の半導体を使用しているわけではないため日本の失策のように書くのは逡巡《しゅんじゅん》する。どの自動車メーカーも人命にかかわるため慎重になる。ただ、日本のお家芸たる自動車は相対的な地位を下げている。

さらにＴＳＭＣに製造を委託する企業の約７割は米国企業であるだけではなく、アップルをはじめとして、未来の先端半導体の開発を依頼するのも米国企業だ。これは日本との差を考える際に示唆的だ。新製品を描けるビジョナリーな企業は日本ではないとすれば、半導体メーカーは、どこを向いて営業するだろうか。

日本の奮闘は実るか

なお、昨今の状況をまとめておこう。半導体は経済安全保障における重要な戦略物資だ。そこで日本政府からの熱心な要望を受けてＴＳＭＣの熊本への進出が発表されたのは２０２１年10月だった。投資額は１兆円を超える。最先端の回路幅ではなく自動車産業向けの旧世代が中心になるものの、供給の安定に寄与する。

サムスン電子も日本の横浜に半導体開発拠点・試作ラインを置くと決めた。またマイクロン・テクノロジーやソニーグループも日本での工場の新設を相次いで発表した。

半導体を巡る危機感は全世界で共有されており、米国が主導するＩＰＥＦ（インド太平洋経済枠組み）では、半導体など参加国の重要物資入手を強化する協定に合意した。これには日本やアジア諸国など14カ国が参加する。中国は参加していない。この協定により合意国内での調達拡大が目指されるほか、品不足に苦しむ国への対応を協議する。

欧州19カ国も２０２０年12月に「欧州半導体イニシアチブ」を宣言し、最先端半導体の製造への投資を計画する。日本勢も負けずとトヨタ自動車、ＮＥＣ、ソニーグループ、ソフトバンクらが出資したラピダスが２０２５年までに先端半導体を試作できるように動いている。さながら半導体戦争の様相を呈している。

これから半導体の潜在ニーズはさらに高まる。諸企業の日本への投資も結局は日本市場が魅力的であり続けるかにかかっている。買い手の日本企業にも改善が必要だ。そうでなければ日本進出等のきらびやかなニュースも空騒ぎに終わる可能性を秘めている。

2　木材を売ってもらえない

住宅市場が受けた衝撃

「そんなに遅れるの？」。キッチン用品の展示場では来店するお客から、そのような感想が多数寄せられたという。２０２０年から２０２２年にかけて、システムキッチンを展示しているのに、売れても納品ができない。給湯器等も仕入れられない。納期が遅延する前提で売らなければならない。

建設資材ではほぼすべてが影響を受けた。コンクリート、キッチン、および給湯器などキッチン備品、アルミサッシ、壁のクロス、その他、センサー付きの照明器具、トイレ設備、換気扇、コンロ、ＩＨヒーター……。建設資材は価格が全面的に上がり、工期に影響した。

この時期に住宅を建てた人を失望させた。基礎工事が止まる、材料が届かないといわれ別場所での仮住まいを長引かせることになった。挙句の果てには、見積もり費用が異常に膨らんだ。「ふざけるな」と怒りをぶつけても、現場の担当者にとってもどうしようもない。木材が手に入らないのだ。

なかにはマイホームを夢見ていたのに、着工後に部屋数を減らすように勧告された購入者もいる。間取りを変更しなければ当初予算のままでは建てられなかったのだ。

苦しんだのは住宅関連産業だけではなく、他の産業も同様だった。楽器メーカーがギターの生産に影響が出るとした。バイオマス発電にとっても事態は深刻だった。発電用の木質バイオマス材料は高騰し入手しにくくなった。関西電力の朝来バイオマス発電所は稼働を停止した。他にも稼働を停止したバイオマス発電所は多い。

バイオマス発電の事業者は長期契約を結ぶケースが多くなく、価格が市況に影響を受ける随時調達で購入するケースが少なくない。バイオマス発電で使用する木材チップは、その原料となる植物の成長過程で二酸化炭素を吸収するためにエコな燃料と考えられている。環境面からも推進されていたものの、その方針がつまずいた。

ウッドショック、ウクライナ侵攻

２０２１年に米国発のウッドショックが起きた。１９７０年代の「オイルショック」になぞらえた単語だ。コロナ禍のテレワークで郊外への移住が進んだことや、歴史的低金利で建設・住宅需要が伸びた。巣ごもりのＤＩＹブームもあった。また、もともと脱炭素を推進する関係で森林伐採を縮小させていた。

さらにアジアでは移動制限とロックダウンで労働者もコンテナも不足した。さらに米国の各港で物流が滞り、不足に拍車をかけた。木材価格の指標となるシカゴ・マーカンタイル取引所の先物価格が２０２１年には異常値をつけていたほどだ。

次に起きたのがロシアのウクライナ侵攻だった。

森林認証機関であるＰＥＦＣとＦＳＣがベラルーシ産とロシア産を、紛争鉱物ならぬ紛争木材として認証を停止した。紛争鉱物とは、人権蹂躙《じゅうりん》を引き起こす地域で、テロ組織などが資金源とする天然鉱物を指す。当該地域から調達するほどテロ組織に加担することになる。有名なのはコンゴ民主共和国で採掘されるスズやタンタル、タングステンだ。だから米国などを中心に、これら紛争鉱物を調達しないように進めてきた。その木材版だ。

ＰＥＦＣとは国際基準に則って林業が操業されていると第三者が認証するものだ。ＦＳ

Ｃも似た仕組みだ。ＰＥＦＣが紛争木材とみなしたベラルーシとロシアの森林面積は世界の認証面積の12・５％にいたっていた。

欧州はベラルーシからの木材調達を制限。結果、欧州の木材が不足し高騰した。ロシアも対抗措置を講じた。非友好国へ木材や製紙材料やバイオマス発電用の木材チップなどを輸出停止すると発表した。

このように米国とロシアの大国発の第一次・第二次ウッドショックが世界を襲った。なお、日本にとっては木材だけではない。コンクリートの原料であるセメント、その燃料である石炭はロシアに頼っている。影響は大きい。

森林大国の日本が外国に依存する理由

しかし、日本は美しい自然を誇る。森林も多い。なぜ緑にあふれた国が木材を外国に依存しているのだろうか。日本では大半の住宅が木造なのに、日本は木材を自国内で完結できない〝奇妙〟な国だ。

もともと日本の木材自給率は１９５５年になんと96・１％もあった。しかしその後に輸入が続伸。ロシアや北米からの木材に依存するようになり、２０００年代の前半には自給率は20％弱となった。

２０００年代の中盤から木材自給率はやや上昇し、２０１０年以降はバイオマス発電などの用途も加わったことから40％強となっている。ただ近年に限っていえば供給量は横ばいとなっているし、まだ未来が明るいとまでは言いにくい。

日本の林業は儲からないと有名で、林野庁の試算では補助金なしでは林業はたちゆかない。住宅以外の需要を探そうと、先に書いた通りバイオマス発電用途を見出した。しかしさほど儲からずに、十分に機械化されていない。日本には伐採したまま放置された山が多くある。これから植林しても、使用できるのは数十年も先になる。

なぜ日本の木材は採用されないのか。

住宅メーカーの関係者に質問すると、国内材を使いたい希望はある。ただし質と価格が伴えば、と条件をつける。外国産は品質が良いと評判が高い。たとえば冷寒地の木材は節（枝がその幹に丸く巻き込まれた部分）が大きくなく、力をかけた加工に強い。価格も安かった。国内は少量ゆえの非効率化が目立つ。

しかし木材が不足する局面であれば日本メーカーが増産に動いてもよいはずだ。しかし、調達側企業が中長期的に日本メーカーへ切り替える方針を出さない以上は、生産増に足を踏み出しにくい。人手不足もある。さらに住宅市場も先行き不透明で一部の在庫もダブつく。

一般的に森林で伐採された原木丸太は、製材工場に送られ角材や合板に変わる。それを建材工場が購入し、建築用部材に加工し、それを住宅メーカーや建設会社が調達する。これは単純化したサプライチェーンであり、実際には多層に入り組んでいる。伐採以降は、誰もが資本の論理で動いているから、高ければ国産のものを買わない。さらにサプライチェーンが多層だから、森林で伐採する業者は、その先のニーズがわからない。

またたとえば住宅メーカーは、工場で木材を規定サイズに切断・加工することを求める。ただ多様なサイズがあるため、国内では大量に処理することができなかった。

懸念される強度の問題も、ＣＬＴ(Cross Laminated Timber)といった技術が進化してきた。合板とも集成材とも違い、木材の繊維方向を直交させながら積層するものだ。これで強度が安定する。しかし質が高くなってもコストの面での問題があり、道半ばだ。

さきほど日本の木材の自給率を見た。６割は海外に頼っている。輸入の内訳を見ると、丸太の６割ほどは米国に依存し、製材はＥＵとカナダ、集成材もＥＵと、特定国に偏る。もちろん多くは友好国だが、当然ながら、危機時には米国やカナダは自国を優先する。

たしかにこれまでは世界中に張り巡らされた調達網を使えば、必要な量だけを安価に購入できた。ただ森林大国であるはずの日本は、米国の新規住宅増に影響を受けるほどの脆《もろ》さを露呈した。

要求が高すぎる日本

ところで、日本側に落ち度はなかったのか。日本各社は必死に調達しようとしていた。しかしさまざまな困難に直面した。理由は日本側の要求品質の高さだ。仕上がりの注文が細かい。

それはJQ（Japan Quality）と呼ばれる。たとえば木材のそり・曲がりの許容度は他国より厳しく、さらに面積における節の比率は低く抑えられている。外国の製材メーカーは日本の住宅メーカー向けに特別な検査工程や別工程を用意せざるをえなかった。さらに日本の住宅メーカー向けのものは不良品となる率も高い。

かつて日本の新設住宅着工戸数は順調に推移していたし、正規品ではないと弾かれる不良品があっても、外国の製材メーカーは許容していた。日本側が重要顧客だったからだ。日本の住宅メーカーへ販売する単価はさほど高くなかったものの絶対量が確保できていたためだ。

しかし、さきに挙げた通り、とくに２０２１年に米国などを中心とした建設需要の急増から潮目が変わった。欧米はインフレとともに、労働者の給与増が続く。日本が要求するほどには木材の品質が高くなくて良い。しかも高く買ってくれる。ゆえに日本向けに生産するインセンティブはない。

住宅メーカーの幹部に聞いた。「これは木材に限りませんけどね、とにかく日本向けは面倒くさい。外国だったら信じられないレベルの要求をする。他の国に次々に売れていくのに、日本だけに特別な対応はしませんよって。人材もかけられないよ、と。高額のオプション価格を上乗せして払わないと出荷できません、と。さらに、国内の商社からは日時や量を細かく指定した搬入指示も厳しいですよ、とクレームが来ました」

第一次・第二次ウッドショックが起きた際、早い段階から大口の注文を出して木材を確保すればよかった、という人もいる。しかし大胆な発注ができなかった。一つには国内景気の不透明さがあった。コロナ禍からいつ抜け出せるかもわからず、会社として多額の注文に踏み出せなかったのだ。読みを誤ると大量の在庫になる。

ただ供給の逼迫に対して大口の注文どころか、海外勢を刺激した日本企業もあった。たとえば住宅の梁に使う挽き板（ラミナ）がある。この挽き板とは、集成材を構成している小角材ピースだ。日本のメーカーには、コロナ禍の景気の不透明感のなかで、この挽き板の調達価格を下げようとしたところがあった。しかし欧州の供給者からすれば「なぜこの時期に下げる必要があるのか」となる。市況を無視した交渉でそっぽを向かれた。

また日本の住宅メーカーはこれまで海外製に舵を切っていたため、日本の製材メーカーは設備投資を低く抑えていたので増産は難しかった。ウッドショックが起きたからといって日本に調達先を切り替えようとしても上手くいかなかったのは前述のとおりだ。

ふたたび住宅メーカーの幹部との会話に戻る。「ただ日本はすごく真面目にやっている。技術側も少しでもいい家を建てようと必死に頑張っているし、そもそも高い品質の住宅はお客様の要望だからね。それに木材の品質は時間をかけて決めたものだから、すぐに切り替えるわけにはいかない。たいしたことのない部材だってじっくり時間をかけて検討する。調達側も価格を抑えるために必死にやっていますよ。外国人バイヤーよりも真剣。だけど、海外では住宅が高騰しているし、賃金も上がって、住宅に支払える金額も上がっているわけでしょう。なかなか難しい状況ですよ」と正直に伝えてくれた。

なお、これは日本の品質要求が高いから、とは一概にいえないが、中国木材でも問題が起きた。各商社ともロシアから木材が輸入できなくなったので、なんとか中国木材を入手し混乱を防ごうとしたときだ。

住宅に使用する中国製合板が品質不適合になった。合板のサイズが規格に合わない、あるいは品質管理書類を提示しないなどのトラブルが続き、一部のメーカーはＪＡＳ（日本農林規格）として認証されなくなった。日本の品質要求が高いというより、管理体制が日本の望むレベルにないというべきか。日本への輸入は急減し供給不安はくすぶり続けている。

日本に蔓延する値上げを抑止する空気

また値上げについては、スライド条項を取り上げたい。これは国土交通省の説明を引用すれば「特別な要因により工期内に主要な工事材料の日本国内における価格に著しい変動が生じ、請負代金額が不適当となったとき、請負代金の変更を請求できる措置」だ。

つまり市況価格が上がったら受注価格の改定を堂々と要求していい。また民間同士の契約であっても同種の価格改定措置が盛り込まれている。たとえば、これは民間企業の調達規則だが「仕入先から単価改定の要望があった際、仕入先からその事情を聞いたうえで市況を調査する。結果、単価改定がやむを得ないと判断した場合は、価格変更要望書を起案する」としている企業がある。もっとも、価格変更要望書を作成しなければならない煩雑さがあるものの、これは組織の意思決定として証拠を残す意味がある。

しかし現実的にどうかというと、このスライド条項を認めてもらうことは困難だ。なぜなら民間には売買をする窓口である購買部門のKPI（Key Performance Indicator）があるからだ。簡単にいえば業績評価の基準だ。歴史的に購買部門は「納品してもらって当然。安く買えるかが重要」とプレッシャーを受けている。だから価格を上げるのは評価の対象にならない。その価格上昇を許容しなければ仕入先はダメージを受けるかもしれないが、そこまで配慮するシステムではない。

私が個人的に米国で見た契約の風景は印象的だった。契約書が電話帳の厚みほどあった。そこには、どれだけ市況が変動したら、どのように価格に反映させるか、など細かな条件がびっしりと書かれていた。日本で契約を曖昧にするのは文化ともいえるが、曖昧がゆえに下層ほど影響を受ける。

この節の冒頭でマイホームの見積もり費用が膨らんだ例をあげた。負担に苦しむ購入者には言いにくいが、価格を転嫁できた住宅メーカーや工務店からすればマシだったかもしれない。企業間の工事で注文者側に契約金額の変更を受け入れてもらうのは難しい。

契約をだいぶ前に交わしたゆえに価格に転嫁できなかった場合もある。たとえばフローリング施工などは、契約してから実施までの期間が長いと知られる。そのあいだに木製品の価格が上昇し、利益を圧迫した。

各社とも最終価格に転嫁できなければ人件費を削るしかない。苦渋の決断として、ただでさえ上昇していなかった職人の報酬を抑えた企業もある。もちろん業界全体が停滞し、さらに金が取れない業界になっていく。

日本が置き去りにされる

もちろん海外に依存するのが悪いことではない。ただし、品質要求を柔軟にしつつ、日本木材の活用はリスク分散の観点からも重要だろう。伐採しても同時に森林を育てれば問題がない。

さらに自国森林の活用は二酸化炭素の吸収を考えても重要だ。海外からの物流における二酸化炭素も排出しない。住宅以外の建物にも有効活用すればＳＤＧｓにもつながる。木造ビルが増えれば世界的なＰＲにもなる。

また日本には自宅に納得のいく木材を使いたいニーズも一部にある。地産地消の木材を使って家造りをしたい希望をもつ人たちもいる。山に足を運んで育林状況を把握して、国内木材の利用につなげていく必要がある。

私は「一部に」と書いたが、それがどれだけ広がるだろうか。ある関係者がこう言ったのが印象に残った。「中国のアパレルブランドで有名になった企業がありますよね。安くてたくさん買える。とくに日本で人気です。大量生産で大量廃棄。日本では環境を守るとかＳＤＧｓって言っていますけれど、消費者はほんとうにそれを考えて買っていますかね。また地産地消って言いますけれど、価格が高かったら買ってくれない」

私は日本の消費者が悪いとは思わない。消費者にとっては安いほうがいいに違いない。ただし結局は程度問題だ。価値を認めるべきは認め、価格を上げるべきは上げる。その当然の値上げがなく、ひたすら低価格志向を重ねれば日本は世界から置き去りにされていく。

3　貿易船に寄ってもらえない

日本の港を避けることが恒常化

日本に寄る外航船の便数が減っている。日本は運んでもらえない国になっているのだ。

たとえば北米西岸コンテナ航路で、東京港に寄港した隻数の変化を見てみよう。2021年には前年比3割減の月が目立ち、2022年前半ではさらに前年比5割減となっている。

横浜港や大阪港、神戸港も2年連続で同じような前年比マイナスの月が目立つ。また、北米西岸コンテナ航路以外で確認しても、2021年には前年比で大幅な減少となっている。

もっとも、近年の寄港数減少は日本だけが引き起こしたとはいえない。2020年前半に新型コロナウイルス騒ぎがはじまった。そのときには全世界的に人びとの動きが止まり荷動きも止まった。しかししばらくすると反動として巣ごもり需要が高まった。

パソコンやテレビをこの時期に買い替えた読者は多いかもしれないが、とくに米国は景気刺激策もあって需要が激増した。中国や他のアジアから米国向けの貨物が伸びた。むしろ2020年後半からはコロナ禍前を上回るようになり、2021年前半にはピークを迎える。

しかし需要が旺盛なのはいいものの、供給面ではトラックドライバーなどの労働者が不足した。感染者は当然として、濃厚接触者も従業できなくなり、さらに処理しきれないコンテナがあふれ、倉庫の空きスペースもなくなった。

またコンテナ自体は主に中国で生産されているが、２０２０年は中国のゼロ・コロナ政策によって工場が稼働せず絶対数が不足した。

北米西海岸や中国などでは港湾の混雑が深刻化。海上運賃が高騰した。米国西海岸では１００隻以上が停泊、あるいは低速運航を続け入港を待ち続ける異常事態が生じた。積地でも揚地でも遅延が発生。リードタイムが大幅に遅れた。

コロナ禍を原因として、日本に寄る予定だった隻数が減少してしまった。それ以上は遅れるわけにはいかなかったので船舶各社は日本を〝素通り〟した。たとえば米国から日本に寄って荷物を積むはずのコンテナ船が、時間がないからと空のコンテナのまま中国に向かう、などだ。これを抜港《ばっこう》と呼ぶ。

国際輸送では混乱が生じてしわ寄せをこうむる国があるのは必然だった。とはいえ、問題は、世界から限られたパイ＝コンテナを日本が振り向けてもらえなかったことだ。

日本の優先度はもはや高くなかった。さきの例でいえば米国から日本に寄るよりも、早く中国に戻して次の便として出港したほうが儲かるためだ。

そもそも日本の港を避ける抜港は、阪神・淡路大震災がきっかけとされる。神戸港にどうしても寄れなかった船舶らは釜山港を利用した。１９９４年に世界6位の神戸港はそこから世界順位を落としていった。２０２１年は73位であった。一度、避けた船舶会社をふたたび日本に振り向かせるのは容易ではない。

多数の船が日本への寄港停止を選択

なお抜港だけではなく、定期的な航路を見直す動きもある。抜港は時代の流れのなかで例外的な事象かもしれないが、定期的な航路が見直され、日本への寄港が減っている。２０２１年以降、日本への寄港が停止された航路を抽出してみる。

・欧州・北米航路、サービス名「ＦＰ２」横浜：18隻（２０２１年４月）
・欧州・北米航路、サービス名「ＡＥ１」横浜：16隻（２０２１年４月）
・北米航路、サービス名「ＨＢＢ／ＡＡＣ２／ＣＰＳ」東京：６隻（２０２１年４月前後）
・北米航路、サービス名「ＥＣ１」東京・神戸：11隻（２０２１年６月前後）

以上、どれも日本の国際競争力を考えると深刻な影響を及ぼす。２０２１年は２０００年以降でコンテナ船の寄港数は最低となっている。

さきほどコロナ禍の反動から世界、とくに米国の需要が伸びたと書いた。しかし日本はその流れに乗ることができず、日本発のコンテナ輸送量は世界全体の１％ていどにすぎない。主役は中国や韓国、ベトナムの港発のものばかりになった。

また国際基幹航路である大洋州、アフリカ、中南米、欧州、北米の寄港回数の合計で他国と比べてみよう。シンガポール、上海、釜山は２０１０年から２０２１年まで国際基幹航路が寄港した回数／週を数えてみると、それぞれ１００回、１００回、75回ほどで安定している。

しかし日本には京阪、阪神の港では２０１０年の段階で53回、22回と、すでに低い状況にある。この圧倒的な回数の違いだけでも驚きだが、２０２１年には27回、12回とほぼ半減している。

２０２２年は円安で資源高が話題になった。いっぽう輸出はさほど伸びなかった。それは物流だけで語れるほど単純なものではない。ただ要因の一つとして航路をあげたい。

結果、日本から米国に出荷しようと思えば、韓国や中国の港にまず送り、それらの国経由で輸送するのが現実解となっている。もちろん日本企業としては航路の日数が延び、予想も難しくなる。延びる日数は2、3日の場合もあるが、状況によって10〜20日のケースもある。なかには70日まで延びる場合がある。

当然ながら輸送が遅れれば、その分の競争力は低下する。さらにコンテナの積み下ろし等の回数が増えれば品質劣化や破損等のリスクが上昇する。

たとえば、みなさんが外国の顧客で日本企業から機器等を購入するとする。その機器は必要不可欠なものであり評判の良い日本企業に決めた。しかし日本企業から「直行便がないため韓国経由で送る。いつそちらに届くかはわからない」と言われたらどうだろう。もちろん、だからといってすぐさま離れないかもしれない。ただ中長期的には他国からの購入を必ず検討するはずだ。

日本に寄る魅力がなくなった

日本は製造コストの安さを極限まで追求し、新興国の奥へ奥へと進み製造拠点を海外に移管してきた。俗に言う空洞化だ。私はかつて日本の有名製造業で勤務していた。そのときサプライチェーン担当役員は「日本に寄与するためには空洞化の徹底が必要だ」と述べており衝撃を受けた。日本は頭脳で勝負する。生産は海外。

15年ほど前「マザー工場」なる言葉が喧伝《けんでん》された。生産が減っていく日本では生産品質の技を磨く。そのノウハウを海外の工場拠点に伝えていく役割を果たす。まるで母親が子供に人生で大切なことを教育するように。

しかし輸出は減少、あるいは横ばいが続き、製品・商品の物量が伸びないなか、国際物流のなかで日本が地位を低下させるのは当然だった。そして国際物流の低下がさらに日本の地位を低下させたのは皮肉としかいいようがない。

いっぽうでコンテナ船運行で有名な台湾の会社は２０２１年末のボーナスが40か月になったと発表した。モノを作る、ではなく、運ぶのはそれだけの収益と利益を稼げると証明した。

国際物流をサポートし企業へ物流サービスも提供するコンサルタントに、日本〝負け〟の状況について聞いてみた。氏自身かつて物流会社に勤め、海外勤務を通じ国際物流の厳しさを現場で知っている。

「簡単にいうと、日本の魅力がなくなったことに尽きます。船舶の企業は、儲かれば日本を素通りすることはありません。当然ですよね。それ以外に理由はないですよね。

日本からはお金がもらえる貨物がどんどん減っているので、どうしても後回しにせざるをえません。つまり儲からないんですよね。積載率も満載にならない。しかも少子高齢化でしょう。人口も伸びていない。残念ながら経営側としては日本を重要視しないのが合理的です。

シンプルに考えると、ずっと安い商品しか買わない日本という国があって、さらに物量も少ない。でも時間はかかる。そりゃ、そういう国は選ばないでしょう。

日本の凋落としてよく取り上げられるのは大きな港が大半です。しかし東京や横浜など、大きな港は国際コンテナ戦略港湾といって国が力を入れているところなんですね。これらに選択と集中で取り扱いコンテナ数を増加させようとしてきました。

一方で地方港などは無視されがちです。大きな港以上に地方港では取扱量が減少しているところが少なくありません。だから日本全体では想像以上に世界的地位を落としていると言えます。

ビジネスというゲームを、モノを〝運ぶ人たち〟が左右しています。作っても運べなければ売れないから。モノを作っているユーザー側としたら不便なことばかり。だから日本の荷主たちは苛立っていると思う。

日本の港の凋落をきっかけとして、韓国の港がすごく伸びている。これを危機と感じる日本人があまりに少ない。これこそ、ほんとうの危機ですね」

まっとうな指摘だと思う。

日本がずっと経済成長を続けて諸外国が売りたいと思ってくれる国だったらいい。でも、現実的には人口構成から右肩下がりと予想される。量は縮小していく。しかも長く続いたデフレで諸外国と物価差は開く。日本は諸外国に比べて高い商品を買うわけではない。

日本の海外輸入改善への課題

では、日本が改善するためにどのような課題があるのだろうか。

「日本はとにかく遅い。たとえば米国ではすぐにバイデン大統領が自国の特定港に操業時間の延長や夜間搬出を依頼しています。また政府としてインフラ改善のためのアクションプランを発表したり、多額のインフラ投資（１７０億ドル≒２兆２１００億円）を成立させたりしています。

くわえて、物流情報の共有のためのプラットフォーム構築をただちに発表しているんですね。きっとサプライチェーンが国力に重要だと考えているためでしょう。でも、日本の行政はそれくらいの切迫感をもってサプライチェーンを改善していますか。

また、たとえば日本の国民同士が『日本には船が寄港してくれていない。これはやばい』といった会話をしていますかね？　誰も興味がない。船が日本の港に来てくれなくなったなんて、日本人のほとんどは知らないのでは。日本は貿易ができないと、ほぼ生活が成り立たないんですけどね」

なお公平に追記すれば、日本が何もやっていないわけではない。寄港を増やすための施策として税金を安くしている。これは〝とん税〟〝特別とん税〟と呼ぶ。大型のコンテナ船が入出港するとする。為替の状況によっても異なるが国土交通省の報告によると、横浜港５３０万円、釜山港３９０万円、上海港３１０万円だった。また船舶が大型化するほど、この入出港するコストはより拡大していく。

そこで２０２０年より、この〝とん税〟〝特別とん税〟の一時納付額を下げている。その下げ幅は旧来の半分にいたる（なお入港のたびに納付する都度納付額は変更なし）。しかし、それでもなお説明した通り、２０２０年以降に寄港数が減っているため根の深さを感じさせる。

くわえて、日本は省庁が関係団体にコンテナの効率的な利用や輸送スペースの確保等について協力要請文書を発出したり、情報交換会を開催したりしている。しかし米国ほど国のトップが大々的に動いてはいない。

また「情報交換はいいから、どこかの船舶会社にプレッシャーをかけるのが先ではないか」という声が聞かれた。輸送が困難なときに代表各社からヒアリングを募っても、〝大変だ〟という声が集まるのは開催前から自明だろう。

島国である日本は輸出入貨物の約99％を海上輸送に頼っているのが現状だ。国際比較するまでもなく、相当な金額を港や海上輸送の改善に費やしていい。20年前ならコンテナ船は7000個積載が最大規模だった。しかし現在では2万3000個以上を積めるものが就航している。ただ日本では横浜港くらいしか受け入れられない。

他国、たとえば韓国や中国は世界と商売をするために港に集中的な投資をしている。かつての日本の輝きはくすんでいる。日本の土木工事の技術は優れていると誰もがいう。海外にもその優位性を喧伝している。しかし、自国に活かせているか。

たとえば大型コンテナ船の基準で水深16メートルという目安がある。つまりそれだけの深さを必要とする大型船だ。その大きさの船が日本にどれだけ入港できるか。その深さのコンテナターミナル岸壁について人口あたりで比較すれば、シンガポールやマレーシアのほうが優位だ。

世界中が効率と利益を求めているのに対応できる港が数少ない。繰り返すが日本はほとんどを海上輸送に頼っているにもかかわらず。

私は某氏の「日本に寄与するためには空洞化の徹底が必要だ」なる発言を引用した。たしかに日本が経済的に最強の地位を確保していたら良かっただろう。ただ現実的には、日本から何かを出して、何かを受け入れる、という当然の継続が必要だったのかもしれない。

それでも当事者以外の国民も行政もさほど意識がない。さらに日本は「寄ってもらえない」国になっていく。

4　LNG（液化天然ガス）を売ってもらえない

カタールのワールドカップとLNGの重要性

カタールで開催されたサッカーのワールドカップは日本国民を熱狂させた。２０２２年11月23日のドイツ戦は22時から、スペイン戦は12月２日の４時からのキックオフで、私は自宅で観ていた。日本のゴール時には私のマンションに歓声が響いた。スペイン戦では視聴率が約29％と異常値となり、ＡＢＥＭＡの視聴数も２０００万を超えた。あの瞬間はたしかに日本中が熱狂していた。

ただ、多くの日本人にとってカタールは馴染みがないらしく、カタール紹介の特集が組まれた。しかしエネルギー調達に関わる人にすればカタールは最重要国の一つだ。日本人がエネルギー調達先として熱狂した対象でもあった。ある関係者は「おおげさにいえば、カタール発展を形作ったのは日本ともいえる」と語る。やや大げさなきらいのある言葉だが、実際に欧米が資本回収の観点から躊躇するなか、日本は官民をあげてカタールのＬＮＧ開発に注力してきた。ＬＮＧとは天然ガスを冷却し液化したものだ。

中部電力がカタールガスと長期契約を締結したのは１９９２年、カタールガスが日本の電力会社・ガス会社向けに供給を開始したのは１９９７年だった。その後、欧米勢が加わり輸出量が増加。カタールは経済発展を成し遂げた。カタールの発展は日本のおかげ、とは言いすぎだろうが、功労者の一国であるのは間違いない。東日本大震災の直後にはカタールガスのＣＥＯが来日し、莫大な追加対日輸出を約束してくれた。

現在、日本のＬＮＧ調達国トップ５は、オーストラリア（35・８％）、マレーシア（13・７％）、カタール（12・２％）、米国（９・５％）、ロシア（８・６％）となっている。

ロシアからの調達が不透明ななか、カタールの重要性は高い。

鉱物性燃料とは、原油、液化天然ガス、石炭、石油製品、ＬＰＧ等を指す。よく知られている通り、日本は非燃料国家だから、外国に頼るしかない。

ところで、そのなかでもとくにＬＮＧを取り上げる理由をこれから述べる。その理由は日本の「買い負け」を象徴しているように見えるのだ。

原稿執筆時点では日本の電力政策は原子力発電の再開に向けて進んでいるように見える。ただし、まだ不透明さが多い。２０２１年度、電気事業者の発電電力量では原子力が全体の７・８％にすぎなかった。水力は９・９％で、風力・太陽光等の新エネルギーが６・３％。大半は火力発電の78・９％となっている（資源エネルギー庁の計算によりバイオマス発電等が再計上されているため合計が１００％にならない）。

さらに火力発電の大半はＬＮＧが占める。このＬＮＧが日本の命運を握る。もともとＬＮＧの冷却液化技術は日本特有のものだった。１９６９年、ガス田から液化基地を経てアラスカからＬＮＧ船で日本に運ぶ。それはエネルギー調達のイノベーションだった。化石燃料のなかでももっとも二酸化炭素排出量が少なく、硫黄や窒素もさほど含まないＬＮＧは公害解決策としても期待された。１９７０年代にはオイルショックが生じ日本社会を混乱に陥れた。石油に代わるエネルギーとして期待するのは当然だった。

変換点は２００６年、中国がＬＮＧ輸入国に名乗りを上げた。そして２０２１年、中国はついに輸入量で日本を抜いた。ここでもＬＮＧ調達に中国が立ちはだかる。さらにロシアから天然ガスを買えなくなった欧州の国々が殺到した。インドもそこに加わる。

２０３０年の電源構成発表の衝撃

ところが日本は２０２１年に、２０３０年度の電源構成の基本計画を発表した。〝ところが〟と書いたのは、その電源構成ではＬＮＧの比率が低下していたためだ。２０１９年度に37％程度が、２０３０年度には20％程度に減少していた。さらに電力需要も減るとした。

もっともこれはＬＮＧ調達不足への対策の意味があったし、さらに非化石燃料を使用拡大する意図があった。ＬＮＧを使い続けることへの批判もある。ただ現実的なエネルギー源としてＬＮＧは存在する。日本は世界に向けてＬＮＧ需要が減ると宣言したのだ。

単純に考えて、これから需要が伸びる他国と、需要が減少する日本と、どちらに食指が動くだろうか。国内の有識者のなかでも異論があった。

総合資源エネルギー調査会の基本政策分科会（第48回会合）で興味深い議事録が残っている（以下、肩書はいずれも当時）。三井住友銀行の工藤禎子さん（取締役専務執行役員）は「エネルギー計画の発表を受けて、日本がＬＮＧを減らすのではないかという報道もされておりまして、これまで積み上げてきたＬＮＧ調達のポジションを失い、量、費用の面で影響が出て、最終的にガス、電力の安価な提供に支障が出ることも懸念されます」と述べている。

さらに東京工業大学の柏木孝夫さん（特命教授）は景気の浮上や再生エネルギーが目論見通りにならなかった場合に備え「天然ガスにシフトしていく可能性がありますので、こういうことを資源外交の観点から、スムーズに安定供給ができるような記述が必要だと思います」と述べた。

きわめつきは国際大学の橘川武郎さん（副学長・大学院国際経営学研究科教授）で「この数字をつくってしまったために、例えば天然ガスの２０３０年の必要量は、５５００万トンを下回る、今より２０００万トン以上下がることが分かってしまって、これがもう既にブルームバーグの報道とかで世界に衝撃を与えております。中国と韓国に比べて、非常に悪い条件で買わされるということが始まっています」とした。

なお私は再生エネルギーに反対する立場ではないし、総合的に見て三氏の意見のみが正しいと断言するものでもない。もっといえば文章起案者は日本全体の温室効果ガス削減目標に少しでも近づけようと善意で作成したものだろう。実際にＬＮＧ投資に積極的だったため、これ以上の投資をするのか、と批判された商社がある。しかし当面のエネルギー供給のためにはＬＮＧが必要だろうし、調達の観点からすると三氏の意見に頷くところが多い。しかもＬＮＧはタンク内で気化するため現時点では長期保存ができない。

本来は中長期的な投資を検討させるものとして、将来の電源構成を公表する意味がある。ただし投資には２０３０年までは短すぎ、単にＬＮＧ調達が困難になった可能性がある。

エネルギー調達関係者で面白いことを発言していた人がいたので引用しておこう。「ロシアのプーチンがかつて興味深い発言をしていたでしょう。２０００年にロシアの新エネルギー戦略として発表した内容ですが、ロシアで２０２０年までに再生可能エネルギーを活用する、とかね。あれって、ロシアの天然ガスを調達している欧州各国にも再生エネルギーを推進させるきっかけになったと思うんです。しかし深読みできなくはない。つまりプーチンは欧州各国の再生エネルギー政策が失敗すると思って、わざとメッセージを送った可能性です。そんなに簡単に再生エネルギーだけで安定的に充足できるはずはない。技術的にすべてを賄うほど完成していない。再生エネルギーで失敗すれば、結局はスポット需要が高まり、その反動でロシア産の化石燃料エネルギーが高騰するはずだ。プーチンはそれくらいのことを考えていてもおかしくはない」

なお私は陰謀論や、プーチンがすべてをお見通し論に与《くみ》しない。しかし、結果としてこの意見に頷かずにはおれない。

日本のLNG買い負けと外国の侵入

カタールに話を戻す。11年前、２０１２年のカタールのＬＮＧ輸出先は次の通りだった（単位：10億㎥）。日本（21・3）、インド（16・1）、韓国（14・2）、英国（13・3）、これらが主要なプレイヤーだった。それが２０２１年にはこのようになっている。韓国（16・1）、インド（13・6）、中国（12・3）、日本（12・3）。日本の存在感は下落している。

さらに、東京電力と中部電力の合弁会社であるＪＥＲＡは、カタールから５５０万トンもの量を調達していたにもかかわらず、２０２１年にカタールとの長期契約を更新しなかった。これには前述の通り、日本の方針であった非化石燃料の使用拡大の意図、ならびにＬＮＧ使用量低下の計画が影響を与えたといわれる。ＬＮＧは20年にわたる長期契約がメインだ。先行き不透明ななかでは契約しにくかったのだろう。

２０２２年にカタール国エネルギー担当国務大臣であるアル・カアビー氏は、日本で開催された「ＬＮＧ産消会議」に参加した。その際、カタールが日本の主要供給国ではないので、講演すること自体が「率直に言って少し奇妙に感じる」（ブルームバーグ報道の邦訳による）と語ったという。

日本の代わりに中国企業が調達すると見られる。２０２２年にはカタールと中国はＬＮＧ史上最大の契約といわれる27年間もの長期契約を結んだ。２０２６年からの調達を目指す。さらに中国は米国企業とも長期契約を重ねている。中国はＬＮＧだけではなくパイプラインで周辺国から天然ガスを輸入しているから、着々とリスクも分散している。

さらにＬＮＧをめぐって、欧州は〝脱〟ロシアのために、アジアは石炭よりは良いからと〝脱〟炭素のために、それぞれ各国が奪い合っている。二つの〝脱〟は、なおさら日本をＬＮＧの買い負けに誘う。

ＬＮＧの新規ガス田は数兆円の投資が必要なため、長期契約が必要だ。短期で契約するとリスクが大きい。大半の販売先が決まってから物事が進む。数年後から長期供給を開始できる新規のＬＮＧは、ほぼない。さきにあげた通り、90年代の日本企業とカタールとの契約は長期的視野からだった。もちろん長期契約ではなくスポットでの調達も可能だ。ただ、スポット契約は高価になる。

今回、さまざまな話を聞く過程で、面白い発言をする人に会った。

「ＧＩＩＧＮＬというＬＮＧ輸入者国際グループがあります。東京ガスなどが呼びかけて設立された非営利団体です。毎年、英文でレポートを出しています。２０２２年に『Japan』は43回の登場回数にたいして、『China』は１０１回も出てくる。『Korea』すら39回も出てくる（２０２１年の世界のＬＮＧ輸入におけるシェアは中国21・２%、日本19・６%、韓国12・４%となっている）。国際的には日本よりはるかに中国が注目されているわけです。ＬＮＧは輸出と輸入の二国間の関係がすべてです。プーチンの戦争以降、世界は長期契約の重要性を理解しました。日本は遅れて気づいた。日本は国家としての戦略が欠けています。客より供給者が強いのは明らかでしょう。日本は民間に任せすぎている」

たしかに、中国は国をあげての調達だし、韓国も公社が輸入する。ただし、「民間に任せすぎ」については公平に付け加えておこうと思う。日本勢も経済産業省と連携しＪＥＲＡ（東京電力と中部電力）らがオマーンと10年の契約を締結している。またＩＮＰＥＸも米国と20年の調達契約を締結している、など無策ではない。また、ＬＮＧ確保が求められるなか、資源エネルギー庁が自らカタールと交渉し、新たに長期契約を探る様子が確認できる。もっともカタールは、（いまさら交渉するぐらいなら）「何故に長期契約を結ばなかったのかということについて、まだ納得していない感じだった」らしく、「日本だけ特別扱いするわけにはいかないということだと思う」と資源エネルギー庁関係者が正直に明かしている。

この意味では、国が何もしていないわけではないし関係者は奮闘しているが、官民の一体感と骨太の戦略が不在ということだろうか。しかし戦略の不在、ならびに強いリーダーシップをもつ司令塔の不在は致命的だ。

なんでもやる外国を見習うべき

なお、私はＬＮＧを語る際に逡巡がある。これまで書いた内容をサプライチェーン関係者に説明するたびに「脱炭素に取り組まなければ、日本で作った商品が売れなくなる。２０５０年にはカーボンニュートラルにしなければいけないのだから」と反応が返ってくる。ＬＮＧの輸入量が減って何が悪いのだ、というわけだ。

もちろん計画通りに進めばいい。しかし、エネルギーがなければ、商品が売れないどころか、売る商品の生産すらできない。再生エネルギー・非化石燃料だけで支障がなければいいが、問題は上手くいかなかったときの「プランＢ」がないことだ。

海外でＬＮＧプラントを設計・建設する大手企業のマネージャーは言う。

「ＬＮＧに限らずエネルギー調達はすべて上手くやるべきです。海外の政治家なんて、建前では脱炭素なんて言っていますけれど、やっていることは違うじゃないですか。ずるいけれど、そういうもんでしょう。もしかしたら高くなるかもしれないけれど、エネルギー調達の選択肢を広げるのが必要だと思うんですね。余って困ることはないけれど、エネルギーを入手できなかったら堕ちるだけですから」

たしかに諸外国は狡猾《こうかつ》でなんでもやる。２０２２年、ドイツのショルツ首相はコロンビアと外交を重ねた。理由はコロンビアの石炭を大量輸入するためだ。コロンビアの炭鉱は労働環境がひどく、さらに環境破壊も有名だ。ＳＤＧｓや人権を叫ぶドイツが知らないはずはない。

ドイツは環境意識から自国での石炭生産を抑えて、できるだけ輸入を増やそうとした。しかも、その後にやはり輸入では足りないと自国生産も決めたのは、背に腹は代えられないならなんでもするということか。さらにこれまで原発稼働に大反対していたにもかかわらずショルツ首相の権限で原発稼働延長に舵を切った。木質ペレットも化石燃料扱いではなくバイオ燃料と指定した。

EU他国も同じだ。EUでは天然ガスは前世代のエネルギーだったはずなのに、現在では天然ガスもグリーンエネルギーと認識を変えた。ご都合主義というよりも、状況によって大胆に政策を変えても生き残ろうとする現実主義を学び取るべきなのかもしれない。

前言撤回もかまわず各国は民を食わせるためにエネルギーを争奪しようとする。真面目に脱化石燃料に取り組んでも、国民が飢えては仕方がない。繰り返すが、私は再生エネルギー普及に反対ではない。ただ雰囲気だけで突き進んで、日本が「買い負け」し生活の停滞を招いたら——。私はここにも日本の敗北が待ち構えているように思えてならない。

5 食料を売ってもらえない

マグロ、牛肉の中国人バイヤーへの買い負け

年始恒例のマグロの初競り。

２０２３年には豊洲市場で青森の大間産本マグロに３６０４万円の値がついた。落札者

は「銀座おのでら」を運営するオノデラグループと水産仲卸「やま幸」だった。また常連として「すしざんまい」の木村清社長の姿もあわせて全国ニュースで報じられた。

そのいっぽうで、中国人バイヤーの存在が大きくなっている。水揚げ金額が日本一であると知られる焼津港では中国人バイヤーが跋扈《ばっこ》する。もちろん跋扈といっても違法な行為をやっているわけではない。

中国人のあいだではマグロの解体ショーが人気だという。中国の富裕層を中心に日本旅行などの経験から「マグロの旨さに気づいてしまった」ため、日本に質の高いマグロを求めて中国人バイヤーたちがやってきている。

中国人バイヤーは「かなりの量を求め」かつ「金払いがいい」。そうなると仲介業者も売らないはずがない。中国人バイヤーは中国人バイヤーで、中国の消費者が求める金額上限まで仕入れることは経済合理的だ。

世界では一人あたりの魚介類消費量が50年で2倍になったのにたいし、中国ではなんと約9倍にも伸びている。日本はその魚介類消費量は50年前と比べて下回っており、中国に肉薄されている状況だ。しかも、肉薄されているのは一人あたりだが、両国では人口がまったく違う。

水産庁が公表している1988年から2020年の「まぐろ類」の国内生産量は26万トンから11万トンに下がっている。また輸入量は46万トンから28万トンと同じく減少している（農林水産省「漁業・養殖業生産統計」、財務省「貿易統計」）。各弁当店でマグロが仕入れられずに使用魚を変更したといったニュースが流れた。

マグロだけではなく漁業者から卸売業者に販売している魚種は総じて2022年に前年より値上がりした。それは大衆魚にも及ぶ。マグロのような高級魚だけではなく、円安、漁獲量の減少や原油価格の高騰に加えて、諸外国への買い負けが生じているからだ。2022年には大手回転寿司チェーンが価格改定を発表したのも記憶に新しい。

またズワイガニも5年で倍近くの金額になっている。世界中で食する人たちが増えた。需要が急増し、かつ日本は高値で応札できていない。結果、日本の輸入量は2022年までの10年で約2割減少し、そして金額は約2・2倍になった。

水産資源だけではない。牛肉も中国に「買い負け」する場合が多い。中国は牛肉輸入量が激増している。2016年に50万トンちょっとだったのに2021年には233万トンに上った。市場では台湾や韓国などのアジアの国々が牛肉を買おうと争う。日本では手に入らない状況を「ミートショック」と呼んだ。

他国が買い争う肉を調達しようと努めても「高くて、買ってもその価格で売れないから儲からない」とする日本商社もいた。世界の業者も中国が高く買ってくれるため、日本の企業にふっかけることもあった。しかし日本が買ってくれなくても中国が買ってくれる。

むしろ日本から諸外国への牛肉の輸出は急増しているほどだ。同じく中国を中心としたバイヤーらが日本国内の買い手より３割以上高い価格で購入する。日本の商品を高く買ってもらえる状況は喜ばしいともいえるが、喜んでいいのだろうか。

また、低糖質で人気になっている羊肉も中国の火鍋消費の伸びに影響を受けている。日本が羊肉の３割を調達するのはニュージーランドだが同国は中国へも多く輸出する。中国は旺盛な需要を誇る。日本の同国からの輸入は２０２０年から２０２１年にかけ一時、減少した。

また、ブラジル産の若鶏肉も値段が高騰している。理由は他国が高値で調達するため、日本が買い負けているからだ。数年前までは日本より高く買ってくれる国はなかった。多くのブラジル養鶏農家は商社を通じて鶏肉を販売する。養鶏農家が言語の違う国に、貿易実務まで請け負って販売するのはなかなか難しいからだ。

このところ商社のもとには「日本が買ってくれる価格よりも中国が買ってくれる価格の

ほうが高い」と値上げを交渉されるようになった。日本がその交渉を断ると中国に振り向けるといわれる。

これも経済合理性のため養鶏農家を責めるわけにはいかない。

日本では若鶏肉ではなく、これまで無視されてきた親鶏肉がミンチ材料に使われるようになった。それでも日本が買い負けるケースが多くなった。他国はブラジル産を選択していなかったが、ウクライナ戦争でウクライナからブラジルに切り替えたため全面的に品薄になったのだ。たまたま２０２２年は鳥インフルエンザもあり、鶏めしの素を作っているメーカーは供給不足から生産を停止せざるをえなかった。

これら食肉はもはや調達戦争の色合いさえある。食肉を忌避する宗教はあるものの、国連食糧農業機関のデータでは、一人あたりＧＤＰと食肉需要はおおむね正の相関にある。新興国の経済成長が続く限り肉の奪い合いになる。

養殖でも、飼料でも買い負け

なお食料のうち養殖魚であれば諸外国の影響を受けないと考えるかもしれない。しかし昨今に生じたのは養殖業者の呻吟《しんぎん》だった。餌に含まれる魚粉の価格が上昇していたからだ。

魚粉はペルー産のカタクチイワシが原材料だが、そのペルー産を中国が高額で調達していた。

　中国は世界の豚肉消費量で圧倒的比率を占め、魚粉は養殖業ではなく主に養豚むけだった。中国の業者は魚粉がいかに高騰しようとも高額で予約注文を入れることで量を確保した。日本にとっては養殖のコストのうち6割強を占めるため影響は大きかった。

　養殖業者はいかに魚粉を使わないかを研究し、大豆の油かすなどを与える試行錯誤も続けている。水産庁も新たな飼料原料の開発を目論む。「養殖業体質強化緊急総合対策事業」として養殖コスト低減対策事業に補助金を入れる。

　おそらく補助を提供するための関係者の努力は相当なものだっただろうが、それまで魚粉が採用されていたのは低コストだったからだ。代替案の低コスト化、安定調達体制など課題は山積みだ。

　さらに、日本は食卓に並ぶ食品だけではなく、その農作物の肥料や家畜の餌も輸入に依存している。肥料のうち塩化カリウムはロシアとベラルーシから大量に輸入していた。これらが滞っているのは周知のとおりだ。

　また尿素は中国とマレーシアから、リン酸アンモニウムは中国からだ。中国からは調達できているが、将来にわたる安定性はあやうい。２０２２年には農林水産副大臣が急遽モロッコに向かい、リン酸アンモニウムの供給をお願いした。農林水産省によると「安定供給に協力したいとの発言」があったそうだ。

　この応答は力強いと思うものの、トップが動かないといけないくらい食料・肥料原料の奪い合いが起きている。地球の収穫量は増えるものの無限ではなく、人口増も大きい。異常気象も食の奪い合いを加速させる。

　実際に、肥料の国際価格は種類によっては数年前から数倍になっている。さらに窒素肥料の大部分はアンモニアを原料とするが、拍車をかけるように、各国の工場では燃料となる天然ガスなどの高騰で不安定さがにじむ。アフリカでは肥料の投入を抑える農家が増えるほどだ。

　農作物でも家畜でもそうだが、育てるコストの上昇分を回収できるかは運しだいといえる。たとえば和牛を育てても、出荷するまでに数年がかかる。途中で飼料の高騰があっても出荷時点の市況価格とは関係がないためロスが生じる可能性があるからだ。

経済力が落ちた日本の食料自給率が抱える課題

よく知られる数字だが、カロリーベースの食料自給率は38%だ。主食のコメは75%で健闘しているものの、小麦は17%、畜産物も16%にすぎない。カロリーベースだけではなく生産額ベースも下がっている。

もともと日本は記録の残る1930年には小麦の自給率は67%だった。戦後まもなくも40%を超えていた。しかし米国からの要請で過剰な小麦在庫を引き受け、学校給食でもパンを採用した。次にコメが過剰となり、小麦は世界への依存が高まっていった。

ロシアとウクライナは小麦の世界輸出量の3割を占めていた。戦争により、あるいは政治的に同二国からの供給が減ったのだから世界的な高騰は当然だった。どの国も世界価格に影響を受ける。アメリカ産やカナダ産も上昇した。

政府は農家減少に歯止めをかけようとしたり、国内堆肥の活用、国内での小麦の生産への補助金を出したりしている。2030年までには食料自給率を45%までに伸ばそうとしているが、楽観はできない。

さらに、重要な穀物にトウモロコシがある。2020〜2021年にはトン100ドル強だったのが2023年初頭には250ドルほどに急騰している。中国が米国からの輸入を増やしている。米中経済戦争の結果、中国が交渉の末、米国に米国産の輸入増を約束した結果だ。中国は米国に依存する形になった。そこでウクライナ戦争が起き、取り合いが本格化した。

ウクライナは世界のトウモロコシ輸出の10%強を占めていた。食料生産地帯を被害地とする戦争は市場を高騰させた。さらにウクライナの農家は穀物を長期保存する空調設備を有していない点も痛手だった。また、世界各地で天候不順もあったし、穀物を使ったバイオ燃料の需要も高まった。さらに日本は調達困難を味わった。

日本で食料・農業・農村基本法が策定された１９９９年から24年が経った。同法は食料の安定供給の確保を狙うものだった。ただ、そこから食料自給率は横ばいで上昇していない。ただ、よく横ばいで踏みとどまったというべきか。農業に従事する人は１２３万人でほとんどが60歳以上。さらに廃業を選ぶ人たちもいる。当然、農地も総産出額も減っている。

ここ近年、生産資材の高騰で農家は危機的状況に陥った。実際に農業関連企業の倒産状況を見るとコロナ禍が始まった２０２０年、２０２２年は過去20年で最多件数になっている。海外からの肥料や飼料は高騰。しかも国内では高く買ってもらえないからコストを自ら負担するしかない。

高度成長期であれば文字通り日本は成長していたため、食料が値上がりしても調達できた。しかし相対的な地位は下がっている。もちろん無策だったわけではない。日本は第二次世界大戦を経て、さらに米国の禁輸措置、１９７３年の「大豆ショック」も経験したため予防的な取り組みを開始していた。他国への調達ソースの拡充や資金援助なども広げた。

ただ現在では日本は食料の相対的な購買力が落ちている。１００円で仕入れたものを２００円で販売しているとする。仕入原価は50％だ。もし、諸外国の成長やインフレによって仕入れるものが２００円になったとする。自国も成長し仕入れ価格の倍４００円で販売できれば問題がない。ただ、日本はそうではないので「調達する力」が落ちている。

昔の経済力のままなら既存の構造で良かったのかもしれない。１９９８年には世界のなかで農林水産物をもっとも輸入しているのは、５３３億ドルの日本だった。日本は最重要顧客で誰もが日本を向いていた。しかし人口急増と経済成長により、２０２１年には中国が１２５１億ドルとトップになった。なお中国は世界の食料消費量に占める比率として、野菜と豚肉で50％前後、果物・穀物が25％前後と、圧倒的な状況にある。

自前生産にも力を入れる中国の狡猾さ

なお私は日本がマグロで買い負けた、という事実を、アフリカ各国が穀物で買い負けて飢餓に苦しんでいる状況と照らし合わせることはしたくない。アフリカ各国はウクライナ産以外の割安な小麦を調達しにくく、食料不足に陥っているといわれる。

ただし、アフリカ各国のように、日本は所得の大半を食料品に費やしていない。すぐさま日本国民が飢えるとはいいすぎだろう。その点で私は単純な食料危機論者ではない。穀物輸出国が完全に輸出停止する可能性はなくはないが、輸出国内の市況が暴落するだろう。穀物が運べなくなる可能性もなくはないが、そうなれば原油などの輸入停止のほうがはるかに大影響を与えるだろう。また、現実的に農業、とくにコメの政策しだいではただちに国民が餓死することはないはずだ。

私がもつのは健全な危機意識だ。同時に、まったく対策をしなくてもいいと主張する楽観主義者でもない。じわじわと貧しくなるこの国の現状をまずは直視したいと思っている。

少なくとも日本を取り巻く状況が変わっていることは知っておきたい。

日本が１９５５年９月に加盟したＧＡＴＴ（関税及び貿易に関する一般協定）を引き継いだＷＴＯ（世界貿易機関）で日本は主要国の一つに数えられる。日本は世界の貿易システムを活用し食料の安定的な輸入を実現してきた。同時に、かつての日本官僚は対策も講じていた。

たとえばＷＴＯ「農業に関する協定」の12条には「輸出の禁止及び制限に関する規律」とある。その1（a）項には「輸出の禁止又は制限を新設する加盟国は、当該禁止又は制限が輸入加盟国の食糧安全保障に及ぼす影響に十分な考慮を払う」とあり、（b）項には「加盟国は、輸出の禁止又は制限を新設するに先立ち、農業に関する委員会に対し、実行可能な限り事前かつ速やかにそのような措置の性質及び期間等の情報を付して書面により通報するものとし、要請があるときは、輸入国として実質的な利害関係を有する他の加盟国と当該措置に関する事項について協議する」とある。

ややこしく書かれているが、食品輸出国はたやすく輸出を止めないでくれ、と規定している。この箇所は日本の要請による追加であり、この提案を主要国に打診したのは交渉終了のたった2か月前だったという。当時それだけ危機感があったのは間違いない。

しかし現実はどうだったか。まずコロナ禍で各国の食品輸出制限が増えた。金融危機の際にも食料輸出の制限が起きたものの、コロナ禍とウクライナ戦争がさらに増加させた。欧州、アジアともに見られ、食料生産国が事実上の自国への囲い込みを実施した。

これを「食料ナショナリズム」と呼ぶ向きもある。品目でいえば、小麦、パーム油、トウモロコシ、ひまわり油、大豆油などだ。当然ながら日本も影響を受けた。

なお小麦のように農産物備蓄として確保している品目がある。日本ではくわえて、コメ、トウモロコシ等の飼料穀物だ。逆にいえば、それ以外の品目は市場価格が商品価格に、より影響を与える。

ＷＴＯのルールが有名無実となってしまった現実に私たちは怒るべきだろう。とはいえ、冷静に考えると影響を与えた各国をさほど責める気にもなれない。各国の政府や行政は当然ながら自国優先で動く。自国民を飢えさせないためには当然だ。ＷＴＯのルールが揺らぐなか、世界は食料危機の可能性に直面している。

日本も対応しなければならない。とくに、先進国のなかで日本の低い食料自給率は例外的ともいえる。オーストラリア、カナダや米国等の国々とはかなり異なる。これまで日本は、世界の平和を大前提とした食料調達を行ってきた。しかし現実にウクライナ戦争が起き、世界各地で有事が予想されるなか世界各国の協調が揺らいでいるのだ。

しかも日本は低成長にあえいでいる。過去のように各国に比べてお金がない現実のなかでおののいているように見える。

ところで、そのいっぽうで狡猾なのが中国だ。私は中国の政策を褒めるのに逡巡する。

表面的に見えるのは失敗を剥ぎ削いだ片鱗かもしれないからだ。それでもやはり老獪《ろうかい》な面が目立つ。

中国は日本の状況から学んだのか、食料安全保障の実現を推進するために食品の国内での生産を強化するとした。中国は自前での自給率上昇を諦めていないのだ。

たとえばトウモロコシ。賛否はあるものの、中国はトウモロコシの遺伝子組換え種を認可。これにより収穫量の向上を図る。また代替品の技術も開発している。

さらに中国は養豚場の建設を急ピッチで進めた。もとはアフリカ豚熱の発生がきっかけだ。これはＡＳＦウイルスが豚やイノシシに感染する伝染病で、アフリカ、ロシア、欧州、インド等で発生している。もちろん中国は世界中から買い漁るとともに、冷凍ものの豚バラ肉の調達量を増やした。

ただそれだけではなく、自前生産の可能性も捨ててはいない。世界からの豚肉の供給に影響が出たため、中国政府は農地規制を緩和、ビル型の養豚場を許可した。これで大半の豚肉を自給する予定だ。

現場から見た「日本買い負け」の本質

ところで日本の食料調達の不安定さや買い負けの理由は何か。さまざまな人に話を聞くと、多様な理由を教えてくれた。しかし、そのなかでもっとも明確でかつ多くを集約する意見は、次に紹介する大手食品メーカーのマネージャーの話だった。「もともと食料の話は言いにくいことばかりなのですが……」と前置きして語ってくれた。

「日本がなぜ食料で買い負けているか。単純です。日本向けのハードルが異常に高いから。これに尽きます。もちろん品目によって背景はそれぞれでしょう。ただとにかく品質が高いものをほしがるんです。レーズンパンがありますよね。日本は特別なんですよ。ドライフルーツに付いているヘタは一つひとつ取り除いています。ヘタといっても小さなもので問題はありません。でも日本の消費者向けにはダメだと。だから中国やベトナムに送って除去します。また品質の要求が高い。通常は収穫量が１００としますよね。でも日本の要求品質だと70に減っちゃう。最終工程で振り分けるわけですよ。それが面倒くさい。その30は歩留まりが悪くなるので、日本側は30分のプレミアム価格を支払っていました。しかし、振り分ける前に30分を高く買ってくれる外国バイヤーが登場します。すると農業者として日本に売るはずはありません」

あえて強調するまでもないが、あくまでレーズンパンは象徴として語ってくれているのであり、似たような要求があらゆるところにある。ここで私は、他でも聞いた話の共通点を思い出していた。水産物であっても品質にこだわりすぎる……。畜産物もそうで、たとえばカルビは、中国人が骨の付いた状態でも購入してくれる。それなのに日本人は……。と、似たような話をいくらでも聞いた。

たとえば遺伝子組換え作物（GMO）と、非遺伝子組換え作物（NON-GMO）でも面積あたりの収穫量がまったく違うといわれる。私は遺伝子組換え作物について、さほど批判的ではない。ただ、これについては議論があっていいし、いろいろな考えがあるだろう。問題にしたいのは、過剰な品質によって買い負けている現実だ。

ただでさえ購入量が減少する日本において、まずは調達することを優先する声は一聴の価値がある。

ところで、実は紹介するのをためらったが、前述の大手食品メーカーのマネージャーがインタビューの終わりに面白い話をしてくれた。

「希望は戦争だけですよ。日本が戦争に巻き込まれて、食料がなくなって苦しんだら、これまでの高品質を見直すきっかけになるんじゃないですか。現在、もう買い負けているんですから」

この言葉は冗談か皮肉のつもりだったのだろうが、日本の買い負けを調べ続けた私には重く響いた。

6　労働力を売ってもらえない

頭打ちの外国人技能実習生

2022年末に韓国に出張した。サムギョプサルを食べに入店すると、ベトナム人らしき女性が迎えてくれた。どこから来たのか、と知人が訊くと、やはりベトナム人学生で情報工学を学びに来たという。「日本は選ぼうとしませんでしたか」と訊くと「韓国しかありません」と答えてくれた。「私の友だちも韓国に来ています」。外国人で日本語を学ぶ人が少なくなっている、ともよく聞く。

日本で働いてくれる外国人労働者数を見てみる。厚生労働省は5年間の推移を発表しており、2017年の128万人から2021年の173万人と増えている。しかし対前年増加率はかなり減少している。コロナ禍だったとはいえ、2021年は0・2%となり頭打ちになっている。

冒頭で紹介した女性は留学生だが、留学生として日本で労働している数は２０１７年の26万人から２０２１年は27万人と横ばいに見えるが、２０１９年にピークを迎えたあと、減少が続いている。

そして比率として大きいのが技能実習生だ。もともと外国人技能実習制度は、国際貢献としてはじまった。日本で多くの技能を学んでもらい自国に持ち帰ってもらう。しかし実態は日本における単純労働を下支えする役割を担ってきた。

日本は移民を堂々とは許容してこなかった一方で、現実的な問題として安価な労働力不足が顕在化していた。そこで技能実習制度がはじまったのが１９９３年だった。在留期間が限定され帰国させやすい側面もあり広がった。そこから30年が経った。

かつて中国からの技能実習生が最多だった時期がある。ただ中国が経済成長したり、日本以外の選択肢が増えたりしたことから減少。ベトナムからの実習生が最多になっていた。しかし中国で起きたことはベトナムでも起きる。ベトナムの経済成長が続き、他国の成長はいうまでもなく、昨今は円安の問題もある。円安は落ち着きを見せるが、中長期的には日本の凋落は避けられないと見る向きも多い。

日本は技能実習制度だけでは外国人に訴求性がないと考え、特定技能を導入した。これは8割が技能実習生から移行するもので、在留期間も延びる資格があり、さらに転職も可能だ。しかし受け入れ数は、予想数にまったく届かない。

日本のパワハラ動画は拡散されている

最大の送り出し国であるベトナムでも、候補者不足が恒常化している。そこでベトナムの送り出し機関で働くベトナム人幹部に聞いた。

「これは統計には表れない、ベトナム人の希望なんですけれど、10年くらい前は100人いたら95人は日本に行きたいと言っていました。しかし、現在は50人くらいかなと思いますね。第一が日本ではなく、オーストラリア、ドイツ、韓国だという人はたくさんいますね。製造業もそうですけれど、とくに建設とか農業で日本行きを希望する人がいなくなりましたね。

正直に言えば、日本を希望する候補者のレベルは下がっています。他国の条件がいいですからね。日本で失踪するベトナム人が話題ですが、韓国に行ったベトナム人も失踪していました。韓国は候補者の出身地を重視するんですよ。過去に失踪した地域出身なら、また失踪するかもしれない、と。ただし韓国は日本のように技能実習生として受け入れるわけではなく、正規の労働者なので、その代わりに条件もいい」

賃金の話を補足しておくと、あくまで一つの送り出し機関の例であり為替レートも変動するものの、ベトナムの若者が日本に行くと月収が16万円から19万円だという。必死にがんばっても月収は20万円を少し超えるていど。ただし韓国に行くと19万円から25万円ほどだという。ベトナムの労働相は日本で働く技能実習生の手取りを増やすため、日本の厚労相にたいして、住民税や所得税の控除を依頼するほどだった。

いっぽうで、韓国では雇用許可制（EPS：Employment Permit System）という制度がある。これは、文字通り研修生としてではなく労働者として受け入れる仕組みだ。さらに民間ブローカーが排除されるケースもあり費用が抑えられる。

私はここで、ベトナム人候補者が減ったのは日本で技能実習生を受け入れる職場の労働環境が悪いからではないか、と質問してみた。日本では労働環境問題にくわえて、妊娠や出産など、個人的なことまで管理される場合がある。参考までに追記しておくと、技能実習生を受け入れている企業の労働法令違反率と、全体の違反率は同程度という指摘がある。つまり技能実習生の受け入れにかかわらず悪しき日本企業は一定数が存在する。ただし、だからといって法令違反の企業があっても仕方がない、という結論にはならないだろう。

「もちろん、それはあるかもしれません。でも実習生から聞く限り、昔に比べて労働環境は改善しています。労働環境が悪いから日本を希望しないのだったら、以前から少ないはずです。私が候補者と話した感じでは、やはり賃金として魅力がなくなっていますね。円安がそれに拍車をかけました。仕送りすると目減りする。私たちは、候補者に為替は変動するから、現時点の為替レートだけで決めないように伝えるんですが、そもそも為替を詳しく知らない候補者もいます。日本の魅力も伝えます。ただ、彼ら、彼女らからすると、出稼ぎなのでお金は重要です」

氏は最後に、かつて隆盛を極めた日本企業向け接待交際費の予算はほぼなくなったといい、現在は現地ベトナムでの食事くらいは自腹で払っていると教えてくれた。

外国人労働者・技能実習生の雇用や受け入れについて研修やコンサルティングを行う関係者は言う。

「これは差別ではないものの、やはり歴然としてアジアの国の地方からやって来る人か都会からやって来る人かでレベルが違うのが現実です。そして日本にやって来る人は地方からが多い。日本の魅力度が低下しているのは事実でしょう。コロナ禍で面接がオンラインになったので見極めも難しいですからね。

またベトナムにはサムスンのように外国から有名企業が進出しているのでベトナム内での知名度が高いんですね。日本はさほど優位性がない。さらに日本に技能実習生として行っても働ける年数が短いでしょう。さらに日本の職場でベトナム人がパワハラを受けた動画が一瞬で拡散されます。あんな酷いことをする日本の職場は一部ですよ。でも、一部でも日本を敬遠するには十分です」

日本が解決すべき根本的問題

2022年9月に日本政府は「責任あるサプライチェーン等における人権尊重のためのガイドライン」を公開した。私は公開前からこのガイドラインに外国人技能実習生がどう書かれるか、もっといえば否定的に書かれるか注目していた。なぜか。

米国務省は日本の技能実習制度で人権侵害が起きていると指摘するほどだからだ。さらに現在、米国の半導体やIT企業を中心として技能実習生のいる日本の仕入先に実態調査を求めたり、技能実習生に実地ヒアリングを重ねたりしている。理由は、技能実習生が母国の仲介業者に手数料を支払ったかを把握するためだ。

国際規範では労働者からの手数料徴収を禁止しているが、実態としては日本に来るまでに１００万円ていどの借金も珍しくない。技能実習生の大半は、やはり稼ぐのが目的だと説明した。それなのに、稼ぐ前に大金を費やしているのが実情だ。

そのうえで、米国各社は、実習生が訪日までに支払った手数料を企業が肩代わりすることを求めている。日本企業は支払う場合もあるし、渋る場合もある。日本の法的制度で技能実習生制度は認められているし、技能実習生から支払いの領収書を提示してもらえるケースはほとんどなく、株主への説明を考えると根拠なく支払うことはできない。

外国人技能実習生がせっかく来てくれても定着が問題になる。このところ実習中の失踪者が話題で、年間９千人にいたる場合もある。それは借金ゆえといわれる。働いても借金を返せないとわかった技能実習生たちはより賃金の高い仕事を求めて行方をくらます。

しかし当然だが「責任あるサプライチェーン等における人権尊重のためのガイドライン」では技能実習生自体を否定しなかった。技能実習生への賃金の差別を廃したり、パスポートを保管したり、貯蓄金の管理をする契約をしたりするな、と注意にとどめた。

もう一度、技能実習生の雇用・受け入れを主とするコンサルタントに聞く。

「日本人は技能実習生を機械のような働き手とみなすでしょう。出国するときに聞いた仕事ではない業務を任せられるし、孤独。夜間労働で割増賃金が支払われない。さらに彼らの多くは暑い国から来ているんですよ。日本の寒い地域で、しかも日本の同僚とも交流しない環境に住んでいる。そこに留められるはずがないですよ。よく地方自治体の職員から対策を質問されるけれど、口をつぐんでしまうのが実情です」

現在、日本は次のターゲットとしてミャンマーを定めている。私は個人的にミャンマーの送り出し機関を訪ね、現地の若者と会話をする機会を得た。人柄もなつっこく、日本語学習にも真剣で、国民性としても勤勉だ。しかし、根本的な問題を解決しなければ、ベトナム人が愛想をつかすように、ミャンマー人も同じことになりかねない。

高度人材にも来てもらえない

なお、これまで技能実習生を中心に説明してきた。いっぽうで、高度人材の獲得についても日本がその労働力を買い負けているのが現状だ。そこで世界の代表都市との比較を見てみよう。図1は月間の報酬をドルで計算したもので2022年を中心に調査した。「中間管理職（課長クラス）」の高い順に並べたものだ。

日本の中間管理職は2～4倍ほど報酬で負けている。他のアジア勢とは善戦しているともいえるものの、彼らの経済成長と賃金の伸びを考えると数年後にはもっと下位にランキ

図1

（単位：USドル）

地域	都市（国名）	ワーカー（一般工職）	エンジニア（中堅技術者）	中間管理職（課長クラス）
欧州	ジュネーブ（スイス）	8,456	12,858	16,626
米国	サンフランシスコ（米国）	4,167	8,854	12,826
米国	ニューヨーク（米国）	3,688	8,073	12,233
米国	デトロイト（米国）	3,728	7,722	10,364
米国	ロサンゼルス（米国）	3,482	8,493	10,096
米国	シカゴ（米国）	3,504	7,238	9,473
欧州	ロンドン（英国）	2,871	5,479	9,222
中東	テルアビブ（イスラエル）	2,553	7,020	8,297
豪州	シドニー（オーストラリア）	3,723	5,326	6,789
欧州	ミュンヘン（ドイツ）	3,859	5,449	6,753
欧州	ウィーン（オーストリア）	3,273	4,640	6,733
欧州	パリ（フランス）	2,640	4,856	6,393
中東	ドバイ（アラブ首長国連邦）	1,276	2,924	6,221
欧州	ミラノ（イタリア）	2,135	5,112	5,964
欧州	アムステルダム（オランダ）	2,857	4,420	5,512
欧州	バルセロナ（スペイン）	2,198	3,195	5,119
アジア	東京（日本）	2,434	3,240	4,520
アジア	シンガポール（シンガポール）	1,907	2,813	4,306
アジア	大阪（日本）	2,434	3,151	4,139
欧州	タリン（エストニア）	1,655	2,045	3,934
アジア	ソウル（韓国）	2,416	2,979	3,768
アジア	台北（台湾）	1,363	1,725	2,419
アジア	クアラルンプール（マレーシア）	431	867	1,650
アジア	バンコク（タイ）	447	798	1,629
アジア	深セン（中国）	595	1,122	1,601
アジア	ニューデリー（インド）	261	510	1,573
アジア	ジャカルタ（インドネシア）	421	582	1,260
アジア	マニラ（フィリピン）	272	409	1,092
アジア	ホーチミン（ベトナム）	266	508	1,064
アジア	ヤンゴン（ミャンマー）	181	329	836

JETRO「投資コスト比較」より。各都市によって対象時期が微妙に異なる。
男女差、ならびに結果に幅があるものは、単純平均とした

ングされるだろう。高度人材が日本に来てくれるどころか、日本の優秀な人材も海外に飛び立とうと考えるだろうし、実際にそうなっている。

日本の賃金が伸びない要因については経済学者や経済評論家、そして経営者までもがさまざまな見解を述べてきた。デフレ、生産性の減少、年功序列、少子高齢化、転職風土、企業文化、メンバーシップ型経営、評価手法……おそらくそのすべてが正解だろうし、そのどれかだけが主犯ではなく、複雑な状況が絡み合っている。

ただ事実として日本の給与制度は硬直的で、優秀な人材の流動性を阻害した。世界共通の支給水準へ是正する動きが大企業を中心にはじまっている。大企業を中心にメンバーシップ型からジョブ型へ切り替えるといわれる。

メンバーシップ型は長期雇用を前提とし、企業に長く携わり全般的な仕事をこなせるようになってもらう。長い時間にわたって組織に関与すれば仕事の成果があがる。これは年功序列賃金の根拠となる。いっぽうでジョブ型は仕事の範囲を明確化し、仕事内容にマッチした人材を採用するもの、とされる。

しかし私は、この説明では不十分のように感じる。ジョブ型とは、「この仕事ができれば○○○万円」と値札をつける。逆にいえば、「あなたはこれができないから、当ジョブにふさわしくない」と説明せねばならない。現在、日本の大企業で進んでいるジョブ型の導入は、現人員を前提としたうえで、仕事を割り振ったり、合意したりするプロセスにすぎない。そこに私はドラスティックに人材を流動化する萌芽はないように感じる。

たとえば年間で粗利益1億円を継続的に稼いでくれる新入社員がいたら年収５０００万円を払ってもいい。しかし踏み切る大企業は少ない。社長や役員以上の報酬は出さない不文律の企業文化があるからだ。ＩＴ、ＥＶ（電気自動車）の技術者は「優秀ならば経営幹部並か、それ以上」とする欧米企業とは対照的だ。

また、ただでさえ日本は高度人材の報酬が低い。さきに管理職という観点から高度人材をあげたが、博士人材はどうか。調査によると年間所得が４００万円にいたらない人材が約半数を占める。米国などの博士人材と比べると見劣りする。さらにこの金額を、前に出した他国のエンジニア（中堅技術者）と比較すると差がわかる。

さらに国の支援としてシンガポールでは、月収３万シンガポールドルを得る高度人材に長期５年のビザを発給する政策を打ち出した。審査期間も短縮しＩＴ分野等でのプロを獲得する。また、シンガポールほどではないとはいえ、各国でも対応は進む。コロナ禍でテレワークが進んだ。必ずしも日本に来てくれる高度人材ばかりではない。自国から離れたくない人、快適な他国で働きたい人もいる。

ドバイ、エストニア、ポルトガルなどでは月収50万円ほどの、自国以外で働くテレワーカーにも滞在ビザを発給し雇用機会を与える。国を挙げての人材獲得が激化するなか、先手で施策を打ち出している。

日本はもともと製造現場の空洞化を志向してきた。そして製造現場への投資を控えるようになった。人材の継承に問題が生じた。人が育たないので、その穴埋めが必要だった。そこを外国人技能実習生という〝奇策〟によって糊塗《こと》しようとした。しかし成長はおぼつかず、賃金は横ばいを続け高度人材の獲得にも後塵を拝するようになっている。

現在では、働く人材が、働く国を選んでいる。良い人材を各国が争って誘致している。その状況がわからず待遇改善が図られなければ日本から人材が流れ、日本は堕ちていく。

第二章　日本はなぜ「売ってもらえない」国になったのか

買い負けニッポンの印象的なエピソード

２０００年代の後半に、他のアジア勢などに水産物の競りで負けたため「買い負け」なる単語が登場した。前章までで、それが水産物以外にも広がった、日本の買い負けている状況を見た。それぞれの商品ごとの要因や背景を説明してきた。では、買い負けに共通する理由とはなんだろうか。

その理由を考える前に、私が聞いた非常に印象的なエピソードがある。そのエピソードは、この国が、どれだけ杓子定規かを教えてくれる。

東日本大震災のときだ。某住宅メーカーは仮設住宅やプレハブの建設を請け負った。利益よりも社会的使命を優先した案件だ。関係者から県の名称を公開しないように念押しされたので、匿名であるのはご容赦願いたい。

50棟ほどを建設し、県からの検収を迎えた。そのとき県の担当者は「仕様書ではクギの色は灰色ではなく白のはずなので認められない」と言い放ったという。緊急を要するものであり、住宅メーカーは抗議したが、県の担当者の意見は変わることはなかった。住宅メーカーはやむなく、手直しに合意した。もちろん、そのときに仮設住宅に入居できなかった住民らは避難先の体育館等で寒い日々を過ごした。

契約だ、といわれたらその通りだから反論できない。しかし、緊急事態だ。なぜ柔軟に対応できないのだろうか。ただこれは、もしかすると企業経営も同じなのかもしれない。時代や環境が急変し対応が求められるとき、日本企業は杓子定規すぎて対応できないのではないだろうか。そして、儲かっていた時代はともかく、このような杓子定規な国に積極的に販売したがる企業はあるだろうか。杓子定規を一例として、かつては日本に利点として輝いていた長所が、もしかすると逆作用しているのではないか。

もちろん、買い負けには、文化的な背景だけではなく、日本経済が弱体化している側面もあるだろう。何が買い負けの理由なのだろうか。私が実際に現場で感じたり、関係者らにヒアリングしたりする過程で大きく二つに分類できるように思えた。

それは、上部構造と下部構造だ。これはカール・マルクスが定義する上部構造と下部構造ではない。あくまで私の定義だ。

・上部構造：「日本産業の没落」
・下部構造：「日本型システムの限界」

図2

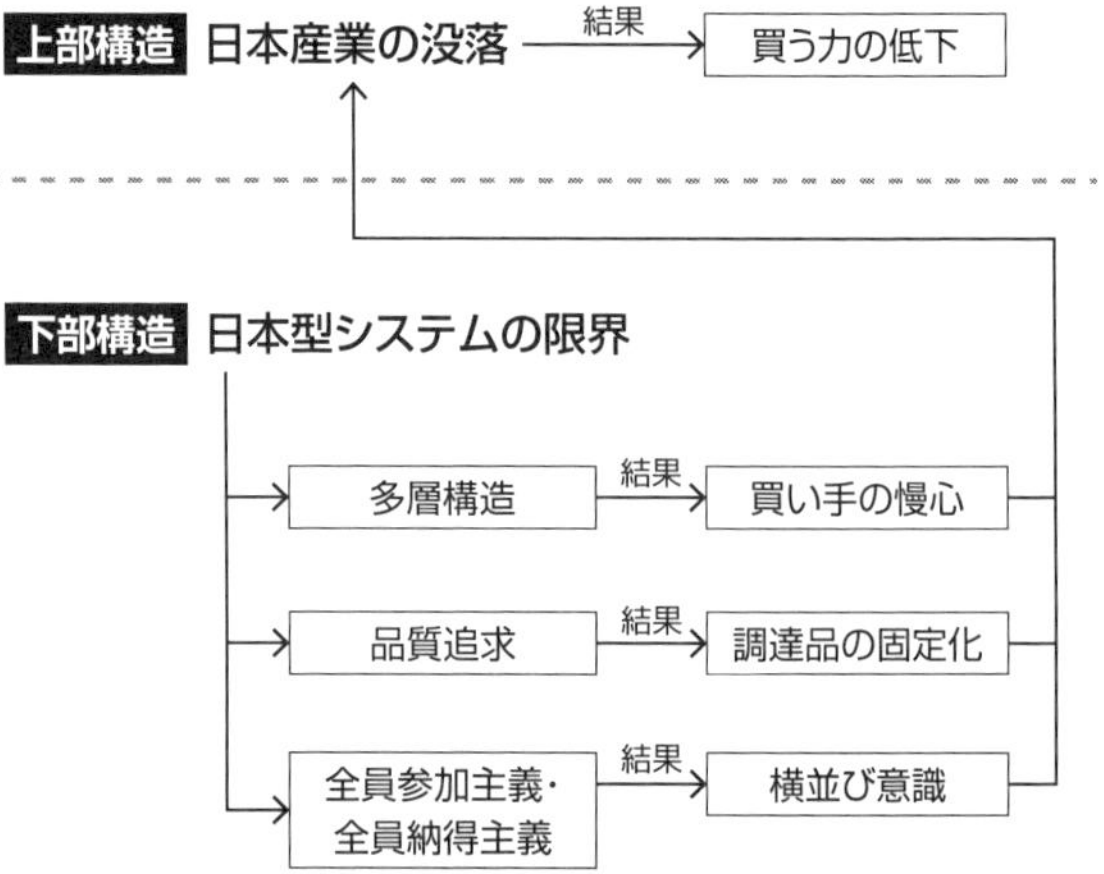

　上部構造としての「日本産業の没落」は買う力の低下をもたらした。そして、その下部構造には「日本型システムの限界」がある。私はさらにそこに、日本企業の三つの組織体質をあげたい。「多層構造」「品質追求」「全員参加主義・全員納得主義」だ。

　これらは必ずしも統計的データが存在しない。定性的な記述も多い。私のフィールドワーク的な側面も含んでいる。しかし、関係者と話を重ねるうちに、買い負けの背景として浮かび上がってきたものだ。

　この上部構造と下部構造、さらに下部構造を構成する企業体質について説明したい。

1 上部構造：日本産業の没落

馬鹿にされる日本企業たち

かつて日本企業が世界を牛耳り、外国企業からすると最大の顧客になっていた時代があった。しかし、現在では海外企業から〝ナメられている〟と感想をいだく企業が少なくない。ただそれは外国企業からすれば、右肩下がりの日本企業群に肩入れできないという、まっとうな経営判断である可能性は否定できない。

もちろん日本企業からすれば面白くない。実際に自社の地位が低下しているのではないか、とするコメントを多く聞いた。

その話を教えてくれた一人が、計測器メーカーのサプライチェーン統括者だ。発注品全般で困っていたようだが、とくに半導体を中心とする外国企業の対応について話してくれた。

「発注したら、通常は7日以内に仕入先が納期回答をする契約条件になっています。それが2021年ごろから2022年までまったく回答が来なくなった。契約違反だからと発注を取り消してもいいんです。しかし現実的にはその仕入先にお願いするしかないから催促すると、納期は2年後、３年後と、笑うしかない回答が届きました。私たちは3年のあいだ活動を止めるしかないのか、と。それから大変な時期が続きました」

　このときに、納入までどれくらいかかりますか、と仕入先に質問すると、ニヤッと三本指をあげられたという。３か月ですかと反応すると、３年です、と漫才のような茶番が繰り返されたらしい。当然ながら3年先は販売・生産予想が立てられないため、３年後に納品されても困る。それにそれは仕入先も理解していたに違いない。

　だからなんとか正規ルート以外で探すしかなかった。

「ＲＰＡ（「Robotic Process Automation」の略で、人間に代わってＰＣ等で作業を自動化できるツール）を使って、部材の型名を記憶させて、世界中のホームページを循環させて、それらを販売している仕入先がないか夜中に調べるんです。出社して、販売している仕入先にコンタクトして、断られて……と。もはや戦場でした」

　なぜ、それほど日本企業が低く見られるようになったのか。

GDPの相対的な下落

図3　各国GDP成長（中国含む）

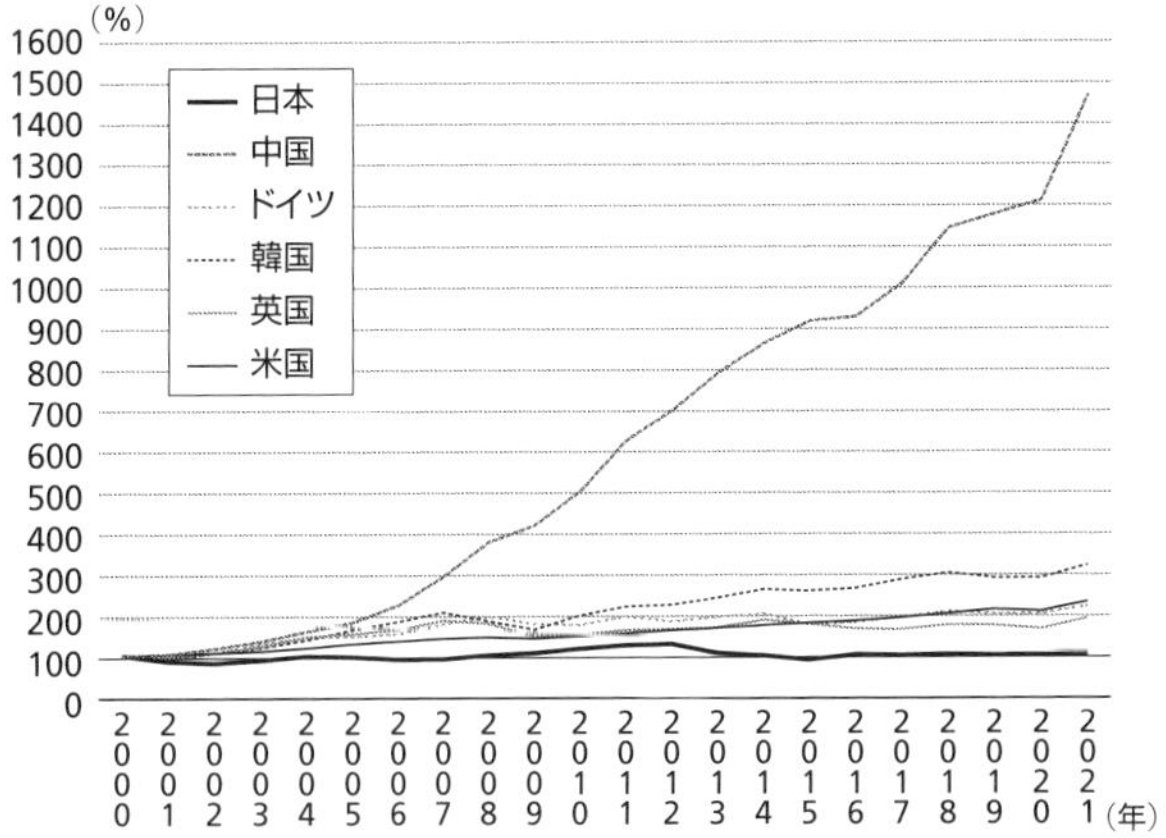

世界銀行「DataBank」GDP（current US$）より著者作成

そもそも日本が栄華を誇った時代からＧＤＰが相対的に下落している。図３は主要各国のＧＤＰについて２０００年を１００％としてグラフ化したものだ。ＧＤＰが増加していれば経済成長しており、その分、世界から商品を高く買って集められるだろう、と単純な発想に基づいている。それにしても中国の伸びは群を抜いている。いっぽうで日本の伸びのなさも明確だ。

なお、このグラフは中国の伸びの凄さが、中国以外の国との比較を阻害している。そのため、中国以外のＧＤＰ伸びグラフも作成した（図４）。

これを見ても、日本の経済成長が横ばいであると理解できる。「失われた20年」「失

図4　各国GDP成長（中国以外）

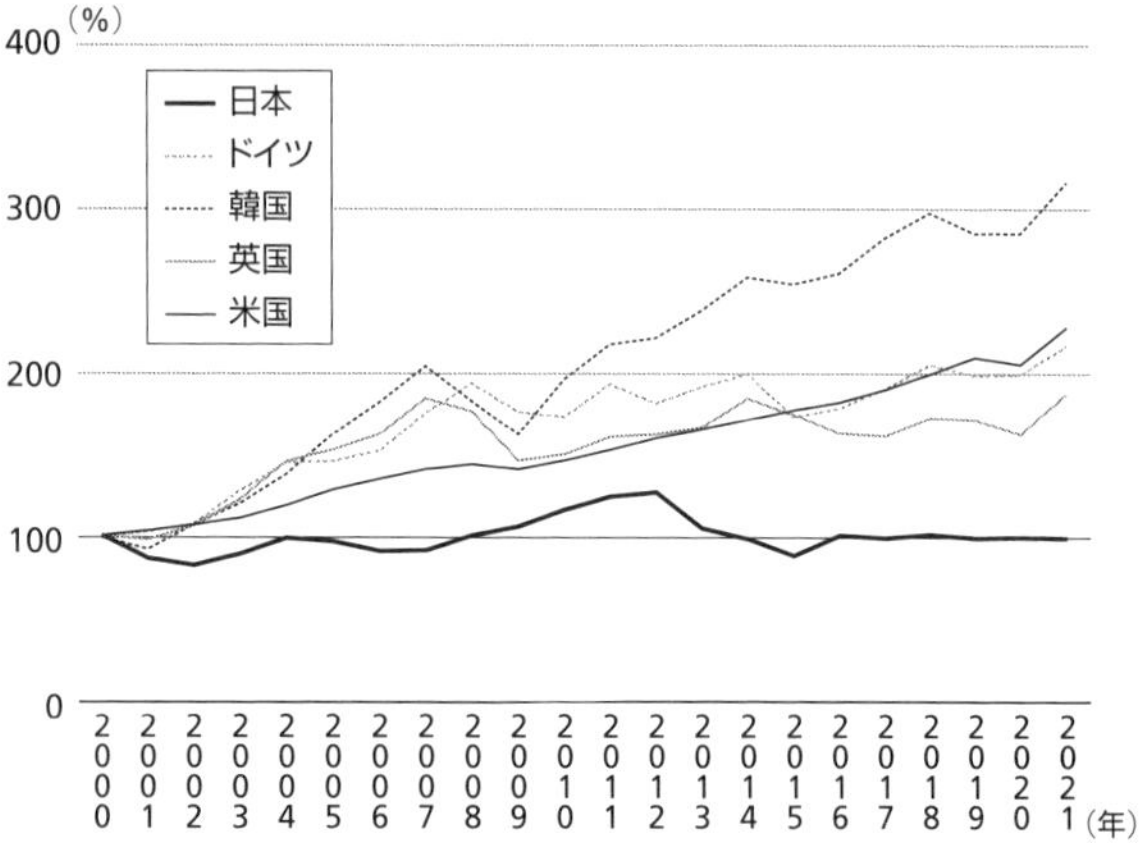

世界銀行「DataBank」GDP（current US$）より著者作成

われた30年」とよく言われる。なるほど、たしかに私たちは横ばいの20〜30年を過ごしていたのだ。

ちなみに、一人あたり国内総生産は１９９８年に世界９位、２０２０年には13位だ。さらにＩＭＦは日本が２０２７年に16位に下がると予想した。日本は、あらかじめ堕ちていくと予想された国となっている。

購買力平価の低下

なお、購買力平価で見ると、図５のようになる。購買力平価とは何か。たとえばまったく質の同じミカンが米国では１ドル、日本では１００円とする。完全な貿易が成立していると、このミカンで為替レ

図5　ドル円購買力平価（消費者物価・企業物価）

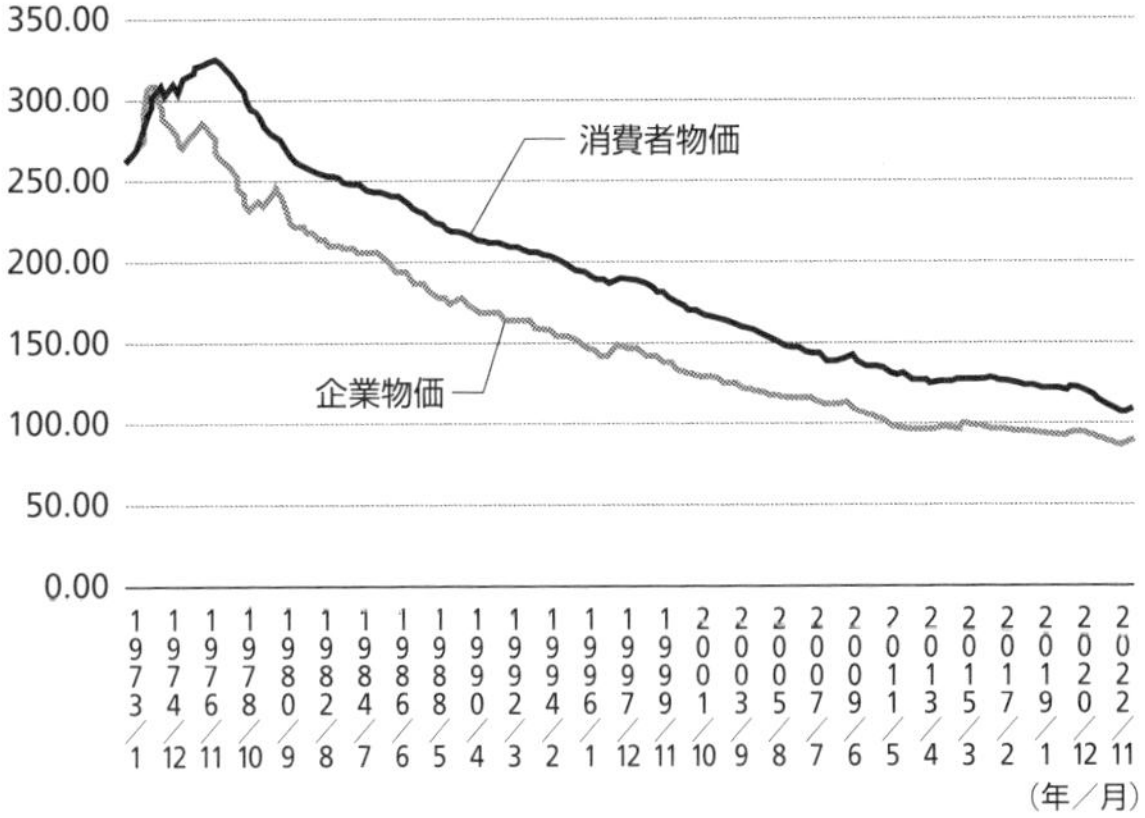

公益財団法人国際通貨研究所「IIMA-GMVI・購買力平価」

ートが計算できるかもしれない。なぜならば、ミカンを米国から、あるいは日本から運んでもソンもトクもしないからだ。

　そこで１００（円）÷１（ドル）＝１００と計算できる。ゆえに１ドル＝１００円が為替レートとして成立するかもしれない。これが購買力平価説だ。

　ただ米国ではミカンは１ドルのままだが、日本の消費者は費やせるお金がなく80円でしか売れないかもしれない。１００円だと売れないから値下げするのだ。すると80（円）÷１（ドル）＝80だ。この場合、折れ線グラフは下がる。本来は円の強さを表現するはずが、現在では日本消費者の弱さを示す側面がある。消費者物価だけではなく企業物価も同様だ。なぜなら、他国並の単価を払えないからだ。

違う観点から説明する。

商売人がいるとする。自国民が100円で買ってくれるか、1万円で買ってくれるかで販売価格は異なる。1万円でも売れる国民だったら当然ながら値上げして販売するだろう。さらに仕入れ価格を上げても問題がない。

ただ、その商売人は自国民が100円でしか買ってくれないのであれば、価格を下げ、さらに仕入れ価格も抑えるしかない。これは日本の買い負けの話につながる。商品に高い価格を支払ってくれる消費者がいなければ、事業者も仕入れ価格に費やせない。調達価格を抑えれば、海外の事業者が売りたがらない――という単純な図式だ。

付加価値のあるものを販売できるか

また、日本は付加価値の高いものを販売できているだろうか。図6は日本の鉱物性燃料のGDPに対する輸入額率と製造業原価率を見てみたものだ。

鉱物性燃料とは、原油、液化天然ガス、石炭、石油製品、LPG等を指すと説明した。それらの輸入額をGDPで割った。もちろんGDPが成長していれば鉱物性燃料を多く輸

図6　製造業原価率と鉱物性燃料GDP比輸入額率

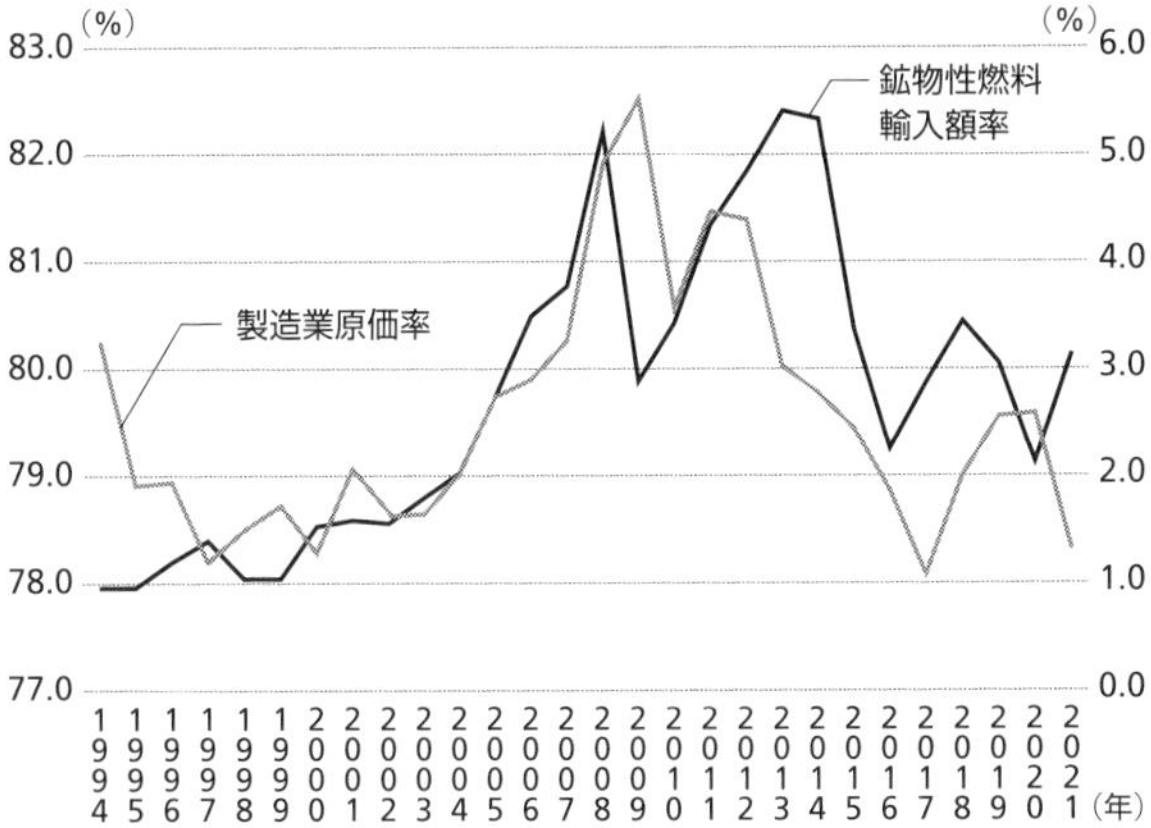

財務省「法人企業統計調査」、財務省「貿易統計」、内閣府「国民経済計算」から著者作成

入しても問題がないため、絶対額ではなくGDPにおける比率を計算した。これはGDPにおける鉱物性燃料の負担率といってもいい。もう一つは製造業の原価だ。文字通り、モノを作るときにどれくらいコストがかかっているかを指している。

もちろんそれぞれの年において差はある。ただし、おおむね鉱物性燃料の上昇や下落と相似形になっている。つまり鉱物性燃料の負担が重ければ製造業の原価は上がり、鉱物性燃料の負担が低下すれば製造業の原価は落ちている。

これは当たり前かもしれない。しかし、鉱物性燃料などのコストが上がれば、そのぶん売価を上げればいい。また売価を上げられるような商品づくりをすればいい。その意味からすれば、日本の製造業はあくまで〝モノ〟づくりをやっているのであって、〝価値〟づくりをできていないことになる。日本の製造業が売っているのはあくまで〝モノ〟であって、原価を超越した〝価値〟ではない。

トップ企業の没落と発言力の低下

特定の企業が世界の産業トップならば、調達価格を高めにする余裕がある。ただし、現在の日本はさほど余裕をもっていない。象徴的なのが半導体産業だろう。

半導体の節でも取り上げたが、産業全体の没落が買い負けを引き起こしている。半導体でいえば、1990年から2020年まででで圧倒的にシェアが異なっている。ファウンドリーを除く、半導体ブランド別でのトップ5は次のとおりだ。

【1990年】
・NEC（日本）
・東芝（日本）
・モトローラ（米国）

・日立製作所（日本）
・インテル（米国）

これが30年後にはこうなった。

【2020年】
・インテル（米国）
・サムスン電子（韓国）
・SKハイニックス（韓国）
・マイクロンテクノロジー（米国）
・クアルコム（米国）

これはメーカーの順位であって、繰り返すがファウンドリーを考慮していない。とはいえ、日本の半導体企業がトップランキングから消えており衝撃的だ。私たちは30年を鑑みると、なんとなくゆるやかに変化している気がする。しかし、そのゆるやかな変化の積分は、30年後に振り返ると、おそるべき差異になっている。

さらに日本産業の没落は日本企業の発言力の低下ももたらしている。

現在は、中国と台湾の地政学的な問題がある。日本は中国と台湾を別々の国として正式には認めていない。ただし、周知の通り、中国は権威主義国家で、台湾は自由・民主主義側と信じられているし、実際にそうだろう。

そこで、日本企業には、中国企業から部品や原材料を買わないように米国の顧客企業から圧力がかかっている。複数の日本企業関係者が証言してくれたが、そのなかでも強い危機感をもって教えてくれたのは半導体製造装置関連者だ。

「米国へ出荷する製品には、できるだけ中国製を使うな、といわれます。チャイナフリーを目指せというわけです。同じ価値観を有する国家のみで生産しろと」

先端技術を中国に売るのは禁止したとしても、なぜ調達するのもダメなのか。それは調達図面の存在にある。何かを調達するとき、買い手側の企業は図面を仕入先に送る。この場合でいえば、米国企業から受注した日本企業が、その構成部品について図面を中国企業に渡す。すると、図面を通じて米国企業が何を欲しているかを知ることになる。

さらに中国企業は、中国共産党政府が制定した「国家情報法」の影響を受ける。この第

7条では、中国人民や企業は政府の情報活動に協力する義務があるとされる。そんなことが頻繁にあるかどうかは別問題として、中国企業は入手した情報を中国政府に提供する蓋然性がある。こうなると、米国は米国企業だけを対象とするのではなく、米国企業の先にある日本企業も含めて蜘蛛の巣を張り巡らさざるをえない。

政府から請われたら情報を提供するだろうが、私はすべての中国企業が恒常的に自らのビジネスで得た情報を政府に漏洩させているとまでは思わない。ただここで重要なのは、日本の産業が地位を低下させるなかで、日本の発言力も低下し、米国の意向により従わざるをえない点だ。日本企業は、ただでさえ世界中の企業から売ってもらえないのに、さらに中国というソースを失う。

そして日本に売ってくれる国が減り、日本の買い負けはさらに加速する。なぜこのような没落が生じたのか。そして買い負けが生じたのか。ここでその下部構造の話に移る。

２-（１）下部構造：多層構造

日本を支えている下請構造の障害

日本は歴史上、裾野に広く下請構造がある。日本企業の特徴は、裾野の広いサプライチェーンだ。多くの零細企業が日本を支えているのは知られている。日本で上場している大企業（ティア０）は約３８００社あるが、その下の仕入先（ティア１）、さらに二次仕入先（ティア２）、三次仕入先（ティア３）……と無数に下層が広がる。99％の企業が中小企業で、労働者の75％が中小企業で働いている。

このようなピラミッド構造では、売り手から「納品してもらって当然」と買い手側の慢心を呼ぶ。仕入先に負担を求め、そして仕入先の絶大な協力を前提とする「すり合わせ」を期待し、「あうんの呼吸」での事業を進める。

さらに多層構造は、下の仕入先の顔を見えなくする。声が届かず、さらにトップ同士の関係が希薄になっていく。これが下にいるのが日本企業ならばなんとかやりすごせる場合があるが、外国企業の場合は支障が出る。順に説明する。

買い手の慢心

これまで上位企業がとってきた「納品してもらって当然」という態度は、緊急時には弊害をもたらす。その一例が需要予測だ。

発注者がいて、受注者がいる。もちろん、発注者の誰もが、受注者にたいして納品を遅らせてほしいとは思っていない。発注者はできるだけ受注者側にリスクを負ってほしいと感じている。なので、発注者は「私たちは将来に、これだけ必要とする可能性がある。でもあくまで可能性だからね」と需要予測を受注者側に伝える。

たとえば1年後、2年後の必要数量について発注者から受注者に注文したらどうだろうか。「1年後には1000個、2年後には2000個必要です」と予想するだけではなく、実際の注文書が届いたらまったく問題がない。受注者は安心して生産し、それを発注者に納品すればいい。

しかし現実的には発注者は確定的な数量を注文はしない。市場がどう動くかわからないので、1年先、2年先の必要数量を読めないのだ。だから、発注者はあくまで今後の需要予測あるいは事業計画として受注者側に数量の見込みを伝えるのみだ。

発注側は「自分たちは責任を果たしている」と考えるが、予想数量だけを聞かされても、結局は実効性をもたない。天気予報ならば傘を携帯するのはコストがかからないが、生産には費用がかかる。しかし、これまで受注者側は独自に情報を入手したり、リスクをとって見切り生産をしたりした。

ただし誰もが日本企業の発注側の論理でまわっているわけではない。

私は先に、コロナ禍が生じた２０２０年に多くの企業が、その後の景気後退を懸念し、発注した商品をキャンセルしたと紹介した。だからその直後に需要急回復があったとしても、各社はキャンセルした企業に振り向ける気持ちにはなれなかったのだ、と。

そのときキャンセルされた側はどう対応したのか。外資系を中心とする半導体メーカーに訊いてみた。すると意外な過去の〝事件〟を教えてくれた。それは２００８年のサブプライムローンショックだ。いわく、２００８年当時も大不況がやってきたので、生産を止めたり大量解雇を実施したりした。その時点では、すぐさま需要の急回復が生じるとは予想していなかった。そのため、その後の景気高揚に対応できず、各社ともに生産復旧が遅れてしまった。だから、各社とも教訓を生かして、コロナ禍の２０２０年は生産を落とすことなく、できるだけ平準生産を心がけたのだと。

一部の企業からはキャンセルされたいっぽうで、平準生産のために、新たな顧客の注文をせっせと受注していたのだと。新たな顧客は窮地を救ってくれた恩人だった。その後に、既存顧客が新たな需要予測を通知してきたが、あくまで予測。その後に需要が復活しても、その〝恩人〟を優先して生産するのは当然といえる。それに既存顧客はまだ実弾＝発注書を出してこない。これでは「納品してくれて当たり前」なる態度は通用しない。

自動車産業で働く知人が面白い話をしてくれた。

「たとえば仕入先の日本企業から『値上げさせてください』と来るよね。それは『納期は守るけれど、よかったら値上げさせて』の意味なんだ。しかし外資系の場合は、『値上げさせてもらうのは納期を改善するように検討する条件』にすぎなくて、値上げしたからといって供給してくれるかは別問題なんだよね」

ここには日本企業の「納品してくれて当たり前」の態度が正直に出ていて面白い。モノが供給されるのは大前提であって、そのうえで価格を交渉しようとする日本企業。いっぽうで、価格も供給の一条件にすぎないとする外国企業。結局、知人は値上げの要請について、内部で結論を出すまでに時間がかかったので、その後に値上げを許容してもモノは入らなかった、と悔しがっていた。

自動車用車載部品で有名なデンソーは、半導体の納期確保へ施策を講じた。発注のタイミングを、３か月先までの確定数量だったのを1年以上の長期契約を結ぶこととした。半導体の製造が数か月もかかり従来のやり方では半導体メーカーが対応できなかったためだ。値上げも基本的には認める。某誌はこの取り組みを紹介した記事に「デンソーが脱・面倒な客へ」とすごいタイトルをつけた。しかしこれは冗談ではなく売り手の立場に立った企業活動が必要だと示唆している。もはや「納品してもらって当然」の時代や状況ではない。

さらに「納品してもらって当然」の態度がコミュニケーションの問題をも引き起こしている。私はヒアリングした方々から部材を入手できない事例を多く聞いた。しかもその判明が遅れるケースが多い。

さきにご登場いただいた計測器メーカーのサプライチェーン統括者がいう。「仕入先にしてみたら、私たちに悪い情報をあまり言いたくないんですね。私たちが日ごろ接する仕入先の営業は『部材が入手不足です、助けてください』とはなかなか言いにくい。仕入先内でなんとか調整しようとします。しかし、そのうちに火が吹いて手遅れの状態になってしまいます」

これは日本のピラミッド構造の障害といえるだろう。少なくともこれまでは、窮状を早めに伝達できない空気が充満していた。

仕入先の負担が前提の業務

またピラミッド構造が生む慢心として、複数の外国企業から出てきた意見に「とにかく日本企業はクレームと質問が多い」があった。

なお、これから紹介するエピソードは本質的なものではない。ただ以前、情報通信業の会社から面白い話を聞いた。海外企業から調達した商品の段ボールにお菓子のグミが混入していたという。社内は大騒ぎになり、品質管理部門が不良レポートを要求したり、早急に品質改善体制を構築するよう依頼したり、それより緊急のテレビ会議を開催せよと叫んだり、と大混乱していた。

そこで日本企業側は大人数を揃えて、テレビ会議を開催すると、海外企業側の参加者は数名。他国の企業はこれだけの騒ぎになったことはないと呆れていた。しかし異物混入は問題だと指摘すると、海外企業は「グミを納入品に添えておくのは、一つの冗談であり、航空業界の顧客は粋なプレゼントとして受け取ってくれる」という。

そのうえで、海外企業は「グミでこんなに大騒ぎする必要ありますか」と述べたという。

日本企業側は、それでも不良レポートを提出してもらうべきか議論していたらしい。繰り返すと、これは本質的な話ではないし、笑い話かジョークととらえるべきだろう。しかし、これは極端な例だが、梱包上の微細な汚れなどへの質問も多いのが日本企業という。

その他、日本企業からは恒常的に問い合わせが相次ぐ。たとえば半導体ならば、仕様・使用法、データシート……。その多くは半導体メーカーのホームページに掲載されている。とはいえ、「見てください」ともなかなか言えない。仕入先の手間暇はコストにほかならないが、あまり意識がなさそうだ、とも。

日本人の英語力の低さをあげる向きもある。多くの製品情報がウェブ上であふれているものの、それらの大半は英語だ。大手企業ならまだしも、中小企業では自分の読解が正しいのか自信がもてずに、メーカーに日本語のドキュメントを要求する例が多い。

それでもたくさん買ってくれるから、とこれまでは仕入先が日本語に翻訳してくれるケースもあった。しかし現在では翻訳を待たずに自社でスピードを上げねばならない。しかし日本企業は絶対的に遅い。

ただ、ここでやや疑問がある。私の勤務経験では、設計者たちは英語のドキュメントを読みこなしていたし、会議も英語で対応していた。この疑問を複数者にぶつけると、私が勤務していたのは大企業だったので特殊例だ、と断言されたうえで現状を教えてくれた。「英語ができる設計者もいるんです。あなたが働いていた企業もそうだったんでしょう。しかし、実際の設計をするのは仕入先の日本企業に勤める設計者なんです。レベルが低いと言うつもりはないが、やはり『こんなことを？』と思ってしまう問い合わせは多い」とのことだった。

話がずれるが、中国企業では特許技術に関わる英語論文を定期的に収集し事業に活かしている。機密情報はあるが、かなりの情報は公開されている。ＧＡＦＡに代表される米国のテック企業も先端技術の論文を無数に出している。企業の競争力は巷間にあふれる情報をいかに効率的に集めるか、にある。その点で語学の壁に阻まれる日本企業は残念でならない。

しかし、製品の不具合についてはさすがに質問してもいいのではないだろうか。「自社製品が不具合を起こしたのに、なぜ対応しないのだ」と怒る人が出てくるかもしれない。

もちろん、質問自体は誰も否定しない。ただ問題は製品の不具合かもわからない質問が多出する点にある。某外資系半導体商社の幹部に聞いた。「製品の不具合というのは、製品自体が問題かもしれないのですが、使い方によっても壊れます。私が知る限りかなりのケースは使い方に起因します。日本企業に納品している製品だけが不良品率が高いってことはないでしょう」

ほんとうに半導体の不良ならやむをえないが、半導体の不良〝可能性〟でも日本企業の品質管理部門から次々と質問がやってくる。言いがかりに近いクレームも多々ある。さらに詳細のレポートを要求される……。

さらに氏は続ける。「日本の企業は理解していませんが、不良対応の予算が決まっています。たとえば年に20件のレポートまでは出すけど、それ以上は出さない、といった予算です。『壊れた、どうすればいいのか』という質問がたくさん寄せられても実際には答えられませんよ。クレームが多い日本企業に供給するくらいなら、海外企業に売ろう、という空気になっても仕方ありません」と諦め気味に教えてくれた。

ちょっと話が変わるようだが、日本ではインボイス制度が開始される。これに伴って、私たちの会社に、適格請求書発行事業者登録における登録番号を質問してくる企業がたくさんある。これがよくわからない。法人番号は「法人番号公表サイト」ですぐにわかる。さらに「適格請求書発行事業者公表サイト」で検索できる。なにも私たちに質問する必要はない。私も質問されたら上記のサイトからコピー・アンド・ペーストしている。

もちろん同名の会社があるし本社所在地が不明な場合がある。ただ、それは珍しい例であり、そのケースだけ質問すればいい。現在では封書で各社に調査票を送付し、ＱＲコードで読み込ませて……と煩雑な処理を課している。

これはあくまでも私の会社の例だ。しかし同じような質問が日本中で繰り返されているのは想像に難くない。

「言いにくいが」と前置きしたうえで某メーカーが教えてくれた。

「決断プロセスが遅く、さらに購入量も減少し、さらに過剰なサービスを要求する日本企業があるとします。他国の企業と比べて、日本企業に『売りたい』と考える企業はどれだけあるでしょうか」

買い負けは、世界的な需要と供給のバランスが崩れたことに第一の理由がある。しかし、なかでもとくに日本企業が入手できなかった背後には、かなり根深い原因が横たわっている。

垂直統合と「すり合わせ」の罪

また日本にはピラミッド構造に付随した垂直統合の文化がある。垂直統合とは事業の上流から下流までを自社、あるいはグループ、系列企業などで一手に担う形態だ。自動車メーカーなどを想像してほしい。自動車製造に関わる多くを自社と関連企業で手掛けている。日本の強みはこの垂直統合だといわれ、さらに「すり合わせ」技術が優位ともいわれた。「すり合わせ」とは、もともと物事を調整する意味だ。製品を構成する部品や材料をうまく調整して高い品質を実現する。

私は自動車メーカーで働いていた。自動車のインテリアで隣接するプラスティック部品があるとする。仕入先Ａ社とＢ社が納品してくれている。あくまで例だが、その２部品の公差が±１ミリとしよう。公差とは製品で許される誤差範囲だ。たとえば長さが３センチ、公差±１ミリとすれば２・９センチから３・１センチまでは許される……はずだが、実際には許されない。隣接する部品がマイナス１ミリと、マイナス１ミリで生産されたら、部品間の隙間２ミリと大きく、すごく目立ってしまう。

図面上は許容されるはずなのに、そのＡ社とＢ社は公差範囲でも勝手に生産しない。自動車メーカーとともにＡ社とＢ社が協議し、両社の製品をほどよい長さに調整する。図面で許容されるはずのものと現物の厳しさにギャップが生じている。

だから「すり合わせの文化が現代では逆効果になっている」と深刻な危機感を表明する

のは、日本有数の産業機器メーカーのサプライチェーン責任者だ。

「図面の指示は曖昧なんですが、日本の仕入先だったらやってくれる。これまでの取引関係があるから細かな指示がなくてもわかる。でも海外の仕入先からすれば図面通りに作ったのにダメだといわれる。この経験が重なると日本企業には売ってくれませんよ」

本来ならば日本企業が図面指示を見直せばいい。しかし時間もコストもかかる。これまでの取引慣例なら、国内の仕入先はこなしてくれるし、支障はない。このままでは既存仕入先しか対応してくれなくなると、危機感を社内に伝達しても、なかなか理解者が増えない。ゆでガエルのように、ずるずると日本に売ってくれない状況が徐々に広がっていったわけだ。

さらに垂直統合は「すり合わせ」を生むと同時に、あうんの呼吸も生んだ。あうんの呼吸はコミュニケーションコストを引き下げ、日本産業を支えた。細かな指示書がなくても物事が進むのだから競争力上昇に寄与したのは間違いがない。

ただし、あうんの呼吸はすべてを曖昧にした。日本ではときとして書類が存在しないと指摘される。長期間にわたって取引関係にある企業と契約書が交わされていない、口頭での約束になっているのが日常茶飯事だ。

契約書の不在によって、正確な条件が不明瞭になり正しい取引ができなくなる。これが製品の調達にも影響する。

たとえば、契約条件。日本企業特有の問題として、見積書をとる際に、「２０２３年１月１日から２０２３年２月１日まで」という明確な期限付きで確約させない。あくまで曖昧な期限を前提とする。「市況が変動したら都度交渉する」といった条件になっているケースが多い。

品質でも納期遵守《じゅんしゅ》でも、できるだけ性善説を前提とする。たとえば日本企業同士の契約では取引基本契約書にこのような文言がある。「乙と甲は契約にあたり、相互利益の尊重の理念に基づき、かつ、信義誠実の原則に従い、次のとおり取引基本契約を締結する」。これは無闇矢鱈に訴訟を重ねないようにする側面では役に立っている。しかし、あうんの呼吸が通じない外国企業に対しては意味がない。

また、契約の締結を前提としない日本企業の危うさが表出した例があった。２０２１年から２０２２年のモノ不足に際して、各社は香港などから得体の知れない半導体を調達した。しかしそれがまがい物だとわかったときに、日本企業は事前の約束事を文章化していなかった。返品も返金もできない。「おそらく日本はカモとして狙われていたんじゃないか」と邪推する人もいる。あうんの呼吸が通じない相手と、性悪説を前提とする契約管理が重要だったのだ。

装置メーカーのサプライチェーンマネージャーは語る。

「半導体でリール品（チップ部品が収納されたテープをリールに巻いたもの）ってありますよね。半導体が足りずにどんなブラックマーケットでも探していました。そのとき、やっと見つける。それでリール品であれば、偽物かどうか品質確認をします。そうすると、リールの最初の何個かは正規品だと判明するんですね。安心して使うと、なんと最初の１００個から後は偽物だったケースがあります。偽物を作る業者も考えたものですね。最初は試験するだろうとわかって、そこだけ正規品を配置しているわけです」

リール品で最初の１００個だけ本物を配置するのはコストがかかりそうだが、それをかけても偽造する価値があるのだろう。入手を優先していたので、この求償は行われていない。

下位仕入先が把握不能

また多層構造によって下位の仕入先の顔が見えない状況になっている。たとえば半導体不足とか材料不足というとき、自社が不足しているならまだわかりやすい。自らが努力して納期催促すればいい。

ただ少なからぬ場合は、大企業が付き合う中小の仕入先がそれらを入手できずに苦しんでいた。第一章で、自動車メーカーの半導体不足を紹介したが、正確には自動車メーカーのティア1の部品メーカーが半導体を入手できずに生産を遅延させたのだ。

自動車メーカーは数百のティア1と付き合っている。自動車メーカーと彼らは良好な関係にあり、トップ同士の親交もある。企業戦略の軌を一にするよう、定期的に意見交換をしている。納期催促も可能だ。

しかし、関係が良好なのはティア1であって、その下部にいる半導体メーカーではない。ティア2は半導体メーカーではなく、半導体商社であるケースが多く、半導体メーカーはティア3である場合がある。となると、自動車メーカー（ティア0）からすると、半導体メーカーまでは何次もの隔たりがある。日本企業が得意とする、仕入先と人的関係を築きながら蜜月になる手法は通用しない。

多層構造で問題となるのは、ティア0の要求がティア1には作用するが、それ以降には実効性が減じる点だ。さらにティア0やティア1は、その下の孫請け・曽孫請け企業からすると〝雲の上の存在〟で、なかなか実態がわかりにくい。

というのも、ティア3が半導体を調達して組み付けて、間接的にティア0に納品しているとする。私が自動車メーカーで勤務していた経験からすると多数の社員は、この多層構造ゆえに、二次仕入先（ティア2）や三次仕入先（ティア3）の従業員とはほとんど会ったこともないし、彼らの状況が伝わってこない。彼らからすれば、声を上げる機会もない。私は例外的に交流をもったが、そもそもティア0の社員らは、ティア3の状況どころか〝顔〟すら把握していないのだ。

把握されていない日本企業

半導体メーカーの複数人に聞いてみたところ、共通した面白い話が出てきた。さきほど、日本は多層構造で製品を調達していると述べた。問題はそれだけではなく、彼らが半導体商社経由で調達している点にもある。

それ自体が問題ではない。ただし、半導体商社経由で購入していると、エンドユーザーが誰かがまったく把握されていないケースがある、と半導体メーカーがいうのだ。

世界的に有名な日本企業のA社があるとする。彼らはティア1のB社（日本）から、半導体商社C社（日本）を通じて米国の半導体メーカーD社に注文している。D社は、直接的にはC社から注文書を受け取っている。さらにC社から急ぐように指示がある。しかしD社からしてみれば、A社につながっているとは思っていない。A社の生産を止めようとは意図しておらず、どこかの一般客に流れていくものだと考えていたようだ。

いっぽうで、ドイツ企業などは、直接的にD社へ発注していたために、〝顔が見える〟顧客であり優先的に対応したらしい。日本企業は多層構造を是として、あるいは当然として取引関係を構築してきた。しかしその必然性はふたたび問われるべきだろう。

有名な情報通信業の会社で、長く欧米のサプライチェーンを統括する責任者に話を聞いた。

「日本って特殊でしょう。巨大商社がありますよね。欧米ではあまり見られない形態です。もちろん専門商社はあるし、販売を商社に手伝ってもらうケースはあるけれど、なんでも調達を手伝ってくれる商社はあまりない。日本では『商社冬の時代』といわれながら、ずっと生き残っているでしょう。日本企業は商社に頼りすぎっていう側面があるんですね。

日本人は語学ができないから商社に任せたい気持ちがあるのはわかる。商社が20%から30%のマージンを取る。マージンを取っても、面倒なことを代行してくれるから都合がよかったんですね。でも、それが裏目に出ています。売り手と直接つながることができません。以前、商社経由で米国企業にさんざんお願いしたことがあったんですね。『これは私たちの重要なプロジェクトだから、どうしても大量に仕入れさせてくれ』と。しかし、まったく反応がふるわない。だから直接、米国に行ったんですよ。幹部に直談判しました。そしたら『あ、そうなの？　ならすぐに融通するよ』といってくれて（笑）、すぐにモノが入った。

さらにびっくりしたのが、『君たちは、日本のなんという商社から仕入れているのか』と訊かれたんですよ。名前を伝えると『知らないな』と。認知すらされていなかった。日本の商社からの情報がまったく伝わっていませんでした。別に商社が何もやっていないとは思いません。でも彼らからすると、日本の商社は東アジアの一企業にすぎないわけですよ。もちろんトップには情報なんて伝えない。昔はＩＴツールさえあればなんでも大丈夫なんて幻想があったけど、完全に間違いですね。直に会いに行って窮状を説明する、そのためのホットラインは必要です。

外資系はトップ、その人に伝える必要があります。その人です。

外資系の日本支社に行ってもどうしようもない。彼らが決められるのは、日本国内のアロケーション（配分比率）だけです。世界のアロケーションを決められるわけではない。だから根本的な数量交渉をしたければ本社に行くしかありません。

これも私の経験があります。だいぶ前に、日本の商社から、米国企業の価格は下がらないといわれた。ほんとうか、と思って米国に単身で乗り込んで行って丁寧に交渉したら半額になった。なんだこれ、ちゃんと交渉すればいいだけじゃないか、と思ったわけです」

日本企業はボトムアップの文化だ。現場の方々が企業全体の意思決定をしているような錯覚に陥る。しかし、欧米企業はトップが決める。そのトップへ食い込むべきなのだ。

なお私の印象論を述べる。統計が存在しないので肌感覚になる。米国企業で日常はかなりITツールが進んでいると感じる。しかし企業間の交渉となると、かなり多人数を送り出して直接の対話を重視しようとする。かなりのほどだ。

それが日本だと、海外出張に多人数を行かせるとどれだけの成果が出るのかと訊かれる。米国企業のほうが定量的な成果を求める印象があるが、こと対面交渉においては逆の印象があり、多人数で交渉に臨む。日本企業のように出張人数を限定するのは、コストだけを考えれば正しい態度だ。

しかし、そもそも対面して将来にどんな良いことが起きるかはそもそも定量化しづらい。

誰もが効果はあるだろうと思っているが、定量化できないため進めにくい。

ところでこの責任者いわく、日本人が人的交流のない外国企業に乗り込まないのは恐れがあるからだ、と。

「日本のビジネスパーソンは、根回しと事前すり合わせの文化でしょう。タフな交渉に慣れていないっていう文化的な事情があるんじゃないかな。海外なんてまずは途方もない要求をしてくるし、偉い人同士の交渉でも決裂したり、断られたりするのは日常茶飯事なんですね。世界のビジネスパーソンは断られるのがスタンダードですからね。でも日本企業では社員が雇用を守られているから失敗してもいいはずなのに、何も挑戦しませんね。国民気質なのでしょうね」

耳が痛い。

なお、話が高尚すぎると思う人がいるかもしれない。大企業ではなく、日本の中小企業であれば外国企業のトップにアポイントを取るのは困難ではないか、と思うだろう。しかし正攻法でなくてもいい。製品にはさまざまな購入ルートがあると知っている人も少ない。

たとえば、ＲＥＰ（いわゆる「レップ」と呼ばれる）という仕事がある。これは「セールス・レプリゼンタティブ」で、販売するメーカーと仕入先を結ぶ役割をもつ。取引の仲介業者だ。彼らは、日本などの企業に販売することで口銭を得るビジネスモデルだ。

彼らは自分の収益向上のために、商品を売りたがっており、メーカー側への交渉力をもつ。この存在を知らない日本企業は多い。このREPにアクセスすることで仕入れ品の納期を改善させられるケースがある。しかしこのREPと積極的に関係をもったり、なんとか探そうとしたりする日本企業は多くない。

ある方にREPの活用が進まない状況について聞いてみたところ「そりゃ、知らないもん」と返答があった。日本企業は正規の購入ルートしか知らないため、緊急時の代替を有していないのだ、と。

ただし、これからは特定の他社に依存するだけではなく、能動的にモノの確保に動かねばならない。日本企業は把握すらされていないのだから。

多層構造の維持を求める人たち

なお、これまで買い手側がすべての問題であるかのように書いてきた。しかし物事にはすべて関係者の思惑が複雑に絡んでいる。もう一つの側面としては、下位の仕入先を含めて、この多重構造の維持を希求していた点がある。

たとえば半導体業界の凋落は、世界的な分業に乗り遅れた点にある。第一章の半導体の節でも紹介した通り、現在では「半導体設計」「半導体製造装置」「ファウンドリー」などに分化している。伸びる企業は自社のコアに特化し、自前主義ではなく他は外部に大胆に任せる点に躍進の理由があった。

これら分業を、垂直統合に対比して、水平分業と呼ぶ。たがいの得意分野を活かして連携する。たとえばスマートフォンを想像すると、企画、設計、組み立てが別々の企業で行われる。パソコンやテレビなどもこの水平分業が広がってきた。

日本の電機業界が凋落した背景にも、半導体業界の類型を指摘できる。日本企業経営者の判断ミスと言われているし、それは否定しない。ただし水平分業になって仕事がなくなってしまう下位仕入先は垂直統合の構造を維持したい思惑もあった。

面倒で、生産性が低く、さほど儲からなかったとしても、下位仕入先は雇用の確保からも多層構造を希求した。指示がある通りに作れば、とりあえず仕事は続く。さらに発注側も大きな変化を望まず、さらに下位仕入先への配慮もあった。

日本企業と話していると「私たちからの発注がなくなると、仕入先は困らないか？　倒産してしまわないか？　ウチが取引を停止したから潰れてしまった、という風評を避けたい」とよく聞かされる。

これは美徳ではあるだろう。私はこの態度を間違っているとは思わない。ただ事実としては、体質を温存していたため、ゆるやかな下落はあらかじめ決められた未来だった。

2-(2) 下部構造：品質追求

品質追求に起因する調達難

日本企業と日本の消費者は、過剰なほどに品質にこだわる傾向がある。その品質追求は、ときとして品質追求を「自己目的化」させる。それによって、品質を上げることの費用対効果等の「冷静なコスト計算」が難しくなる。

品質の見直しをせずに、従来を踏襲しながら新機能を追加するので、調達品の点数は増えるばかりになり、さらに仕入先が使用している調達品も変えさせようとしない。種類は削減されず、莫大な種類が放置され「調達品の固定化」をもたらした。

結果、一つひとつの調達品の購入量は減り、ボリュームはまとまらなくなる。安価に買うことが難しくなる。さらに、「売ってくれない」「納期も間に合わない」状況が加速する。

順に説明していく。

日本企業と日本の消費者は品質追求が自己目的化している

私が二十数年前に仕事を始めたときのことだ。「調達難？　それなら、違うやつを調達したら？　あるいは少しぐらい質の劣るものを調達したら？」と思ったものだ。しかし話はそれほど単純ではない。とくに質を下げるのは許されない。

ここで、前述の食料調達でも話を聞いた、大手食品メーカーのマネージャーに登場いただこう。「よく日本の食品関係者はクレームに怯えすぎだといわれます。それは私たちが社内で議論するポイントでもあります。たとえば提供する食品に多少は黒い斑点があっても危害性がなければ問題ないんです。海外の仕入先に、日本の消費者のクレームを見せたら『Unbelievable！』と驚かれましたよ。過去に、品質を過剰に守ろうとして、不要な商品回収をした例もあります。それに営業とかマーケティング側がビビりすぎている側面はありますね。ただ問題なのはクレーマーとして片付けられないんですね。そりゃ『歯にくっつかない海苔を開発しろ』とかメチャクチャな苦情もありますよ。でもね、クレーマーの背後には同じ感想をもつ消費者がたくさんいるようで、対応しないと売れなくなっちゃう。だから日本のメーカーはまじめに対応していると思いますよ。日本市場を無視できればいいけれど、そうはいかない。『こんな高い品質は必要か？』と思っても、対応せざるをえない。ちょっと前に、メディアが『ステルス値上げ』と報じましたよね。価格は同じだけど容量を減らす。卑劣と言われましたが、どうすればいいんですかね？　品質を下げると買ってもらえない、価格を上げると消費者が離れる」

　聞くほどに絶望的な状況のようだ。「とにかく種類が多すぎるんです。居酒屋は数百種類の食材を使う。これをすべて、安く、安全で、品質の良いものを調達するなんて不可能」。現実と本音の境目で苦しんでいる様子が見て取れる。

　しかし、問題になるのが品質追求の自己目的化だろう。
私の経験談だ。私は自動車メーカーの研究所で働いていた経験があると述べた。勤務地の地方都市で、休日に私はよく知る自社の技術者と家電量販店で出くわした。彼はテレビの購入を検討していた。安価な外国製テレビを確認していたので「日本メーカーのテレビにしないのですか」と訊くと「まあテレビなんて見られたらいいんじゃない」と答えてくれた。象徴的だった。

　日本の自動車メーカーは自社製品の品質に徹底的にこだわっている。たとえば、自動車メーカーの技術者と出張に行くと、その旅程で乗った自動車のシートだとかインストゥルメンタルパネルの出来だとかドア開閉時の雑音レベルについて仔細な解説をしてくれるはずだ。しかし他商品を購入する際にはそれら特徴が漂白され、「まあ見られたらいいんじゃない」と一般消費者の感覚に戻る。

本業で行っている品質の追求はなんのためだろうか。品質を上げるのは崇高だし、非難されるべきではない。ただ結局は程度問題ではないだろうか。高品質とはいえないそれなりの品質で韓国などアジアのメーカーは日本を超していった。品質の違いは生産している日本企業自身は理解しているが、お客にとってみるとさほど大きな違いはない。

さきほどの食品メーカーの例がある。これも結局は程度問題だろう。日本人の消費者がわかるところと、気にしないところを分ける。多数がわからないところまで注力する必要はない。

商品に新機能を追加するのは、企業が営業しやすいためだといわれる。「競合メーカーにはない新機能がある」といえば売り込みやすいからだ。しかし、家電専門誌の編集者いわく「機能インフレ」が起きており、誰も使わない付加性能にあふれる。おそらく家電を買って分厚い説明書を読んだことのある人はいないのではないだろうか。

もっとも細部までこだわるのも企業にとって自由だし、逆に品質を抑えてもよく、現在では海外への販路も開かれている。

冷静なコスト計算の欠如

かつて私は米国のEC業者と話していてその合理性に驚いたことがある。米国の一軒家が続く街並を想像してほしい。その企業では配達のとき、たとえば書籍などを道からぽいっと玄関に投げてしまうという。この話を聞いた当時、日本ではアマゾンなどの置き配もはじまっていなかった。

私は「そんなことをして、雨ざらしになったり、盗難に遭ったりしたらどうするのですか」と訊いた。答えは明確で「代品を送付したらいい。そうしたほうがコストは低い」だった。

この日米のどちらがいいか、これは価値観としかいいようがない。ただ、米国企業は不具合があったとしても、トータルで考える。不具合を事後にカバーしたほうが全体のコストが安価であれば、よしとする。

これはサービスだけではなく商品製造においても同じだ。私はかつて中国の深センにある工場に出張した。同行した日本側の技術者は不良品率を0にするためにあれやこれやと工場ラインに注文をつけた。すると中国側からは「良品率を95％にするのは簡単です。しかし、１００％にしようと思えば莫大なコストがかかります。それでもやりますか」と訊かれた。こちら側は「各工程を見直してできるだけ努力しよう」と答えた。

　この中国側の回答には一理ある。さすがに良品率95％は低いと思うものの、たとえば98％か99％であれば十分で、それを１００％にもっていこうと思えば、そのコストは商品価格に転嫁される。それは最終消費者にとっても得策だろうか。

　日本企業は設備を丁寧に使い続ける。これを美徳のように語る経営者は多い。しかし、これは新規の設備を導入したときの生産性や利益を計算できていない可能性がある、と私は思っている。さらに、ずっと使うから、逆に困ることもある。補修部品が見つからないのだ。全国の担当者は奔走して代替部品を探したり、なんとか旧来の図面の製品を強引に作ってもらったりしている。このコストは計算しているのだろうか。

品質追求の結果としての現状踏襲

冷静なコスト計算をすることなく、ひたすらに品質追求をしているうちに、現状踏襲に陥ってしまった。品質が少し悪くてもコストを下げられないか、と検討すれば全体を見直す余地がある。しかし、検討しない以上は、既存の踏襲になる。

さらに深刻な背景がある。

半導体の節で引用した装置メーカーのサプライチェーン統括者が教えてくれた。「これは日本だけの問題ではないと思うのですが……。技術の伝承が進んでいないのと、システムが複雑怪奇になっている。その状態で顧客の要求に応じて次々と新商品だったりカスタマイズ商品だったりを作るでしょう。

すると、以前のモデルを引き継いで設計しなきゃいけない。昔のモデルに古い部材が組み込まれているとします。誰が勇気をもって変更するでしょうか？　同じスペックで新しい部材は発売されていますよ。でもあえて選びはしない。何が起きるかわからないし。変更しなければ、少なくとも動きはします。こういうことを繰り返しているうちに、設計者は全体のシステムの一部分だけを作ることになり、誰も全体像がわからなくなる。

だから『これ何十年前の部材だ？』ってものを探すハメになるんです。もう何世代も前の部材ですよ。そのメーカーの人だって若い営業さんは知らなかったり、すでに在庫も枯渇したりしている」

類似の話を多く聞いた。つまり、納期が逼迫している状況だったとしても、日本企業の多くはただでさえ入手困難な部材を使い続けているのだ。より納期が遅延する土台を自ら作ってしまったといえるだろう。

米国は80年代にモノづくりを捨てた。捨てた、が言いすぎならば、少なくとも縮小した、とはいえるだろう。だから米国はソフトやIT分野に舵を切った。そこで米国はモノづくりの中堅エンジニアが圧倒的に減少した。とはいえ、米国はソフト分野でメシを食うようになったし、製造は他国に任せるようになった。

ただ日本ではモノづくりは捨てていない。その道は捨てていないものの、技術伝承が進んでいないのは問題ではないだろうか。もちろん極端にいえば、技術伝承が進まなくてもいい。品質不良ゼロを求めなければ、イチから設計すればいい。しかし、現実的には品質不良ゼロを求められる。とすれば、現状の内容を踏襲するほかない。少なくとも現状の製品にはクレームがないのだ。だから大胆な変更を避けようとするのは当然だろう。

品質を守るために、部材を変更できない、と多くはいう。しかしその意味は、積極的な品質維持というよりも、消極的な品質維持らしい。品質の見直しをせずに、部材が追加されるので、点数ばかりが増えていく。

似たような話は発電機器類を販売している企業でも聞いた。会話の主はベテランの調達担当者だ。

「昔は、こちらからＶＡ提案（コストを下げる技術的提案）をするでしょう。すると真剣に考えてくれて、いろいろと議論を重ねたものです。しかし、もう無理ですね。技術者の世代が替わって、人数が限られたなかでさまざまな製品を作らねばならない。彼らも客から言われた箇所だけを変更する。全体のシステムを理解する時間もない。だから、こちらが大幅に修正したら安くなるよ、といっても検討すらできない。全体をいじったら何が起きるかを想像できないためです。だから高いし、時代遅れだし、納期も遅い部材を使い続けています。これはけっこう絶望的な状況ですよ。何を提案しても、まずはダメから入りますからね」

旧来の製品は品質が安定しているから現状維持。追加のところは安全に安全を重ねようと、多重に高仕様を施す。そしてバラバラに設計するものだから、部品や部材、材料の種類ばかりが増えていく。

日本企業は商品のマイナーチェンジばかりを繰り返している。ただでさえ部品や部材の点数が増えている状況だ。標準化が進んでいない。

私が自動車産業で働いているとき、「日本の技術は世界で一番」と自負していた。しかし、ほんとうにそうなのだろうか。おそらくこれは品質を意味するだろう。しかし、技術とはさまざまな側面があるはずだ。部品や部材の点数ばかりが増加し、技術伝承も進まず品質に関わるところがブラックボックス化する状況を世界一と呼ぶのだろうか。

品質追求の結果としての仕入先にも変えさせない主義

また、自社が変えないのだから、仕入先にも変えさせない。これは日本だけの文化ではないが、仕入先が生産場所等を変更する際に、発注側に申請する制度がある。いわゆる4M変更だ。

4Mとは、Man（人）、Machine（機械）、Material（材料）、Method（方法）を指す。企業がどこで作ろうが、宣言している製品の性能を守ればそれでいいではないかと思ったあなた。仕入先が製造現場における4Mを少しでも変えようとすれば、その変更を申請する決まりになっているのだ。

しかし、仕入先が4M変更申請を提示しても、日本企業はなかなか首を縦に振らない。たとえば製造場所が移管されると、4Mは大きく変わる。すると微細な性能が変わる。当然ながら、表面上の仕様条件は変わらない。しかし、たまたま以前の製造場所で生産された部材を組み込んでトータルの機能が成立しているのだ。製造場所が変わったら、どうなるかわからない。正確にいえば、「おそらく問題はないはずだが、怖くて誰も積極的に認めようとしない」のが日本企業の特徴だ。

日本企業が嫌がれば、仕入先は製造場所を移管できない。そうなると旧来設備で、生産能力の落ちた製造場所で生産を続けねばならない。当然ながら納期も遅延しがちになる。世界トップの半導体メーカーに話を聞いたが、やはり「日本企業はとくに製造場所変更に過敏で、乗り気ではない」と嘆く。

また他社では「単なるビス一本を変えようとした」だけなのに「試験をしなければいけないから変更できない」と内部からの抵抗に遭っている。これは、電機・機械・設備・輸送機器など多くの業界で聞いた。しかも私の現場経験でも、微細な仕様変更を認めない日本企業の風土がある。

なお、公平に付け加えておけば、この理由の一つに日本における各種の型式証明制度がある。たとえば住宅では「型式適合認定」が知られている。住宅を建てる際に、事前に標準的な仕様書で建てると申請し、認定を受けるものだ。これにより一定の品質を確保できるし、提供側も審査を省略してもらえる。

型式証明制度は住宅だけではなく、さまざまな領域に存在する。このような業界規定や認証制度を私は完全に否定しない。きっと日本企業が生み出す商品の一定レベルを保証したのはこれらの制度である、と私は信じる。

そのいっぽうで柔軟性を失うのも事実だ。型式証明を受けていれば、どのような部材を使用するかもセットになっており、変更には困難がつきまとう。たとえば、部材を変えれば安くなったり、納期が迅速化したりすることがある。しかし認定を受けたあとに、認定の一部を変更するのは手間がかかる。

手間がかかるし、品質も確約されないため、何も変えたくない圧力が働く。行きすぎると、業界規定や認証制度を踏襲するのが最善で、何も見直す必要がないと認識するようになる。

本書の取材中に「それにしても、なんで日本では設計変更が叶わないんでしょうね……」と嘆いた私に、同じように嘆く人がいた。その人は米国での勤務を経て、日本の自動車関連産業に勤務する人だ。「米国で『安くなります』とか『品質が良くなります』とかで提案するとします。おおむね聞いてくれる。しかし日本では提案しても、ほぼ無視される。これは異常です。米国は変化＝いいこと、ですが、日本は変化しないことがノーマルになっている。日本の『変わりたくない』欲求は恐ろしいほどです。それは品質において顕著です」と。

こう聞くと、日本企業の目的は品質追求ではないのかもしれない。既存維持・前例踏襲。ゼロからの見直しを避ける。できればトップや部門統括者に強権によってゼロベースでの見直しを指示してほしいものだ。しかし、あまり例を知らない。

ところで余談だが、日本企業では上位者として出世すると、あまり大きな改革を遂げたくない気持ちに駆られるのではないか。なぜならば、数年で役職を退くのだ。そのあとには、関係会社か仕入先に天下りする。だったらなぜ、その彼らにも関わる不都合な改革を成し遂げる必要があるだろうか。むしろ反感を買うだけだ。自分の身の振り方も考えるのは当然といえる。

人間は合理的ではない場合がある。ただし総じて、中長期的には合理的に動く。現在、日本企業や日本人が変わりたくないと思っていて、さらに変わらない判断をしているならば、「変わらないメリット」＞「変わらないデメリット」と感じているに違いない。現状は「変わるデメリット」＞「変わるメリット」だ。あえて変わろうとする利点が存在しないのだ。

２‐(３)　下部構造：全員参加主義・全員納得主義

動かない国ニッポン

私はコロナ禍前の２０１９年にイスラエルに出張した。軍事技術の転用により多くのイノベーションを生み出している国の秘密を知りたいと思ったのだ。その旅程で急遽、会うことになったベンチャーキャピタリストがいた。

氏はイスラエル企業と日本企業の橋渡しも仕事としていたが、氏の印象的なフレーズがあった。

「日本はＮＡＴＯと呼ばれています」。いや日本はＮＡＴＯ（北大西洋条約機構）ではありませんよ、と言おうとした私を遮って教えてくれた。「Not Action Talk Only です。話すだけで何も動いてくれない」

日本企業は多階層の承認を前提とするから、氏なりの苦労があったに違いない。それをユーモアとして表現したのだろう。しかし私には重く響いた。

同様のことは中国の深センでも聞いた。「先月、うちの工場に日本企業がやってきた。いろいろな部署の人たちで10人もいた。二日にかけてあれこれ質問したり現物を見たりしていたけれど、あれからいっこうに物事が進まない。なんのためにやってきたのか。他国の企業は決まっても、決まりどおりに進まない。ただし、日本は決まったら確実にやってくれるけど、決まるまでが遅すぎる」

このような日本企業の〝行動しなさ〟は、組織の意思決定が全員参加と全員納得を前提にしている点にある。これは日本文化論や日本組織論でたびたび指摘されるように、強力な意思決定装置が存在せず、空気と雰囲気が支配するためだ。

利点もあるが、この全員参加主義と全員納得主義は当然ながら「物事を全員へ通知し合意を得る」仕事の進め方を生む。その過程で、全員が納得しないと進まないので、「変化に対する柔軟性」を失い、全員が納得する「横並び意識」だけが残るようになる。これらが調達難にもつながっていった。

全員通知と全員納得の徹底

これまで日本が買い負けている多数の事例を示した。その理由として、日本企業を相手にする際の手間と時間をあげた関係者が多い。

その遅さは単純に買い負けに直結する。某重電企業で働いている調達部員と話していると、モノ不足時の無念さを聞かされた。「ほんとうに悔しかった。というのも、モノ不足になるのはわかっていたんです。しかし、私たちは物量を押さえることができませんでした。市場に1万個あるとします。でも1万個を押さえようとしたら、多重の承認が必要でした。そのうちに、1万個がなくなってしまった。それで中国で探すと、それらの部材があるというんですね。聞いたらどうも、私たちが買い逃した部材が中国にある。ということは、転売ヤーが買い漁っているときに、私たちは何もできずに見逃していたようなんです。あれは悔しかった」

そして、この多層承認と全員納得の構造は、さまざまに影響を与えている。

たとえばティア3が供給品の値上げ交渉を受けるとする。するとティア2にそのコストアップを認めてもらわねばならないから、できるだけコストアップの証拠を集め資料を作成する。そしてティア2はティア1に認めてもらえるように同じく時間をかける。

値上げを抑止しようとする態度は不要ではない。できるだけ適切な価格査定は重要だろう。エネルギーコストの上昇幅、為替、労務費……など分析するべき点は多い。

しかし指摘しておきたいのは、あれこれと五月雨《さみだれ》式に質問が届き、なかには本質的な質問ではないものがあるのに、全員が納得するまで値上げ承認の判断が下されない点だ。ときには待ったなしの状況だ。それなのに、ティア3はティア2と、ティア2はティア1と交渉を重ね、さらにティア0に合意を取り付けるまでに3か月はかかる。

これは多層構造の問題でもある。ただし、多層だけが問題ならば、どこかの企業が決断すればいいだけだ。しかし、日本企業群には決断する人が少ない。

たとえば、日本の住宅メーカーでは木材メーカーが値上げを申請したとき、その妥当性について資料を求める。元の原価構成がどうで、そのうちどこが上昇したのか。過剰な便乗値上げはないか、そして円安リスクなどを必要以上に負担させようとしていないか……を確認する。

この確認は真摯ともいえる。コストを抑えようと努力する姿勢は評価されていい。「海外のバイヤーは適当なもんです。値上がりのときに、さほど査定しない。『はいはい、こんなもんね』と仕入先からの値上げ申請にたやすくサインしてしまう。これまで、コストを抑える意味では日本方式がよかった。しかし供給の逼迫時には逆効果でした。厳密に査定しても抑えられるのは数%。その数%に目をつむって調達を優先する思考になれなかった」。こう大手住宅メーカーの調達責任者は語る。関係者全員にお伺いを立てるのではなく、即決で値上げを認めていれば供給難には苦しめられなかったかもしれない、と。

「当初の値上げが30%アップとしますよね。３か月かかって、交渉で27%アップに抑えられるわけです。３%を低減させるから、見た目はいい。だけど、そんな面倒な日本企業らには売らないですよ」

全員納得が前提なのだから、もちろん時間がかかっていく。

「30%の値上げといわれる。私たちは難色を示します。とはいえ、相手も大人だから交渉には付き合ってくれます。しかし、交渉が解決するときには、『おたくに供給できる分はありません』となる。これが現実です」

そして、面倒な客と思われたら最後、それ以降、もう供給分がまわってくることはない。

ドイツの自動車部品メーカーにヒアリングしてみた。値上げを申請してきた仕入先には即答したらしい。納品してほしいから、すぐさま値上げを認める。最悪、納品できなくてもいいなら値上げを認めない。この差異をつけて交渉した。

彼らはドイツ企業だが、欧米ではフォーミュラ方式が広がる。フォーミュラについて説明が必要かもしれない。たとえば購入金額が100円の製品があるとする。そのうち20円が銅のコストとしよう。そのとき、変動要素は銅の20円分とあらかじめ確約しておく。そして、それからの数か月で世界の銅価格が20％上昇したとする。ならば、20円の20％だから4円を機械的に値上げする方式だ。事実の確認であり、交渉の余地はない。

このフォーミュラは買い手にとって不利な条件ではない。逆に銅市況が下がるときには面倒な交渉を経ずに価格を引き下げられる。買い手と売り手の双方にとって合理的な手法といえる。しかし、日本ではそもそも決めた価格を変動させるのが企業全員に許容されないのもあってフォーミュラの導入が一部しか進んでいない。

全員参加と全員納得の可否は読者に委ねるが、リスクとデメリットがあるのは間違いがない。

変化対応力と柔軟性の欠如

かつて私が企業人だったころ、米国人の同僚から驚かれたことがある。日本人は何かの法律や規則ができた瞬間に「早く行政がガイドラインを作成してくれ」と要請しすぎだという。ドキリとした。

たしかに日本は「ガイドラインがなければ動けないから、早くガイドラインを見せてくれ」と行政や業界団体に依頼する。つまり判断をすべてお上に頼っている、と見えるようだ。自分たちで考えて動けないのか、と。

たしかに全員納得主義の日本では、誰か個人の判断よりもお上の判断を優先しようとするのだろう。これは堅苦しくいえば、成文法と不文法の違いといえるかもしれない。前者は文章の形をとって国民生活のさまざまなルールを規定している国の仕組みを指す。後者は、裁判所の判例を積み重ねていって判断する米国式の仕組みだ。日本は成文法の体系に浸かっているから、なんでも行政の指導を受けたい傾向にある。

だから企業が独自の判断で何かを始めるケースは少ない。新たなサービスを開始する際にも、法に抵触しないか、独断ではなく行政に質問する。相談されれば行政も慎重にならざるをえず、法に触れるかもしれない革新的なサービスは生まれにくくなる。

検索エンジンをはじめとして、たとえばグーグルストリートビューなどは日本企業発ではありえなかっただろう。この国では常にグレーゾーンのサービスは外国企業が優先して発表し、それをなし崩し的に認めることで成立している。

なお、これは成文法を批判したいわけではない。指摘したいのは、自発的に動かず、常にルールや決まりを意識し横並びのみを是とする体質についてだ。

このところＶＵＣＡ（Volatility・Uncertainty・Complexity・Ambiguityの頭文字を取ったもの）なる単語が流行している。これは不確実性の高い予想困難な状況を指す。多くの日本企業の経営方針でも使われる。同じく、「アジャイル」なる単語も流行している。これはさまざまな外部環境の変化にも追随できる柔軟性・機敏性を指す。

しかし現実的にはどうだろうか。コロナ禍での景気浮揚時に多くの調達品が逼迫したと説明した。ある企業では代替品を探すために奔走した。代替品は既存品とサイズも同じ、性能も同じのコンパチブル品＝互換品だった。これを使おうと、社内にいわゆる特別採用依頼書をまわした。ただ、生産管理、調達、設計、事業部など10人の承認を得る必要があったという。そして過程で最終商品の機能試験が必要との懸念が表明されたため頓挫した。もちろん、これを丁寧な検討による、日本企業の利点と評することもできるだろう。ただし私には全員参加主義と全員納得主義の弊害のように思えてならない。

相見積主義の台頭

また、社内の誰からも苦情が出ないように社内申請の手続きが形式化する。複数の関係者から出てきたのは「相見積が日本を弱くしているのではないか」という懸念だった。相見積とは、複数の仕入先から価格を調査し、もっとも競争力のある企業に発注先を決めることだ。これは日本に限らず、どの国でもやっている。しかし日本ではこの相見積を徹底するがあまり、弊害が出てきている。

相見積とは、言葉を換えれば、他社と他社を比較することで、自らは責任を負わないシステムだ。見積書を比べると、A社１００円、B社90円、C社80円だったので、80円の企業に発注すると決める。ほんとうはA社に付加価値があるかもしれないのに、少なくとも価格で決めれば責任は負わずに済む。

全員参加と全員納得が基本である日本企業では、誰か一人が目利き力を発揮して、特定の仕入先に決定することは求められていない。

適正価格の模索や内部統制の観点からは相見積は有効だし、私も推薦している。正直にいえば、調達しようとするものがいくらかわからないケースは多い。

ただ問題は、相見積が形骸化している点だ。もちろんA社、B社、C社のどこでも質の変わらない場合は相見積で決めていい。しかし本来、付加価値のあるものは相見積によらずに、自ら価値を見極める必要がある。たとえばネジの調達先を決めるなら、相見積で決めていい。ただし、高度な技術商品や、コンサルティング、クリエイター、士業などのサービスは、そもそも相見積で比較できるだろうか。

高度な技術商品などは、ただでさえ日本の全体購入量が減っている。いわゆる〝売ってもらう〟立場だ。相見積で仕入先の機嫌を損ねることなく、まっすぐに交渉したほうがいい。どうせ相見積をする前から、希望調達先は決まっているのだから……。

また汎用的な調達品もそうだ。相見積に依存するあまり、購入しようとする商品に対する査定力が落ちている。相見積とか交渉ではなく、あるべき価格で査定することができれば、物事はすぐに進む。誰かが責任をとって決断できればそれで終わる。

ただ、現実的には誰をも納得させねばならないので難しい。

横並び主義の蔓延

さらに全員が納得するために、もっとも手っ取り早いのは全員が納得しやすい〝横並び〟になることだ。それが、おそらく人材の調達にも影響を及ぼしているのではないかと私は思う。つまり賃金だ。このところ日本企業が優秀な人材であっても、〝横並び〟でしか賃金を払えずに、高度人材が海外企業に流れているといわれる。

日本有数の転職者を支援するヘッドハンターと意見交換をする機会を得た。私が「この人を雇ったら1億円が確実に儲かるとしますよね。ならば、企業の論理として、1億円をそのまま払えとは言わないけれど、8000万円とか9000万円を払ってもいいのではないですか」と質問した。すると「理屈はわかるんですよ。でもね」と前置きして教えてくれた。

「社長や役員と比べて、社員にもっと高い報酬を払えるか。それは日本企業の慣例でいえばNOですね。私が仕事を始めてから、ずっと変わっていません。企業の報酬制度上、難しい場合がほとんどです。『その人には、その人に応じた最適な立場がある』と誰もが言います。だから、部長ではなく課長で居続けたほうが、全社的な利益としては上がる人材がいるかもしれない。でも、日本企業の現状では、優秀な課長は、無能な部長よりも給料が高くはなりません。制度上、そういうことはできません」とのことだった。

さらに日本の状況についても語ってくれた。

「アジアでいえば、多くは募集人材数のほうが候補人材数よりも少ないんですね。つまり、転職希望者数が多いので、募集している人数を超している。しかし日本は、候補人数が少なく、募集人数のほうが上回っています。つまり転職希望者のほうが少ないんです。日本人は保守的ですから、これだけ自由労働市場が喧伝されても、実際に他社で実力を試そうという人が少ない」

横並びで満足している優秀な人材が大半とのことだった。

さらに、これを〝横並び〟といっていいか迷うが、以前、私は面白い場面に出くわした。業務システムを提供している企業の社長と、そのユーザー企業が会話していた場面だ。

その業務システム提供企業は、新たなサービスのβ版を発表した。β版とは、ソフトウェアの完成版を発売する前に配布する途上のテスト版だ。現在ではITの分野でスピードをあげていち早くβ版を市場に投入し、使用者からのフィードバックを受けて改善していく。

しかしそのユーザー企業の担当者は「なぜβ版などという中途半端なものをリリースし、さらにお金まで取ろうとするのか、その精神がわからない。システムは完成させてから、実績を重ねてから販売するべきだ」と断言する。対価を請求するならば完全なものでなければならないという。

業務システム側の社長は閉口していたが、「とりあえず使ってみて、便利だったら使用し続けてくれたらもっと改善します。使ってダメだったら、継続しなければいい」と説得した。しかし、「β版を使うように組織を説得するのは不可能だ」とユーザー側は主張した。私は日本の縮図を見た気がした。日本のゲームソフトはバグが少なく他国よりも優秀だそうだ。しかし他国は多少のバグがあっても利用者たちがバグを見つけてオンラインで修正していけばいいと考えるらしい。むしろ一緒になって改善していく。

先の例に戻れば「人命が関わるようなシステムであれば完璧を求めても、それ以外ならばまずは使ってみればいい」と説得されても、なかなか日本企業では難しいようだ。この社長は「本来ならば、他社のどこも採用していないからこそ競争力のために新規のシステムを採用するべきでしょう。でも日本企業から問われるのは『他社の採用実績を教えてくれ』ですからね」。その声は、現状をただただ説明したようにも、諦めたようにも聞こえた。

横並びは、もしかすると競争力をつける外部システムの調達にすら影響を与えているかもしれない。ただ、この是非についても読者の判断に委ね、私は見聞きした事実を記しておいた。

さて、これまで、日本が買い負ける国になっている理由を、上部構造と下部構造の二側面から述べた。では、歴史的になぜこのような状況に陥ったのだろうか。

第三章

日本が「売ってもらえない」国になるまでの歴史的系譜

ジャパン・アズ・ナンバーワンの系譜

ここで疑問が浮かぶ。なぜ上部構造の「日本産業の没落」と下部構造の「多層構造」「品質追求」「全員参加主義・全員納得主義」が生じたか、だ。

前章では、「買い負けてしまう」国になった原因である日本企業の上部構造と下部構造とを紹介した。では、この状況はどのような歴史を経てきたのか。かつて日本は70年代後半にジャパン・アズ・ナンバーワンと称され、製造業は栄華を誇った。かつての栄光と現在の凋落が、あざやかな明暗をなす。

ここで単純な構図を提示したい。

「日本企業は成功する特性を備えていた」
←
「日本企業の体質は変わらなかった」
←
「日本企業の成功をもたらした特性は現代において逆作用するにいたった」

図7

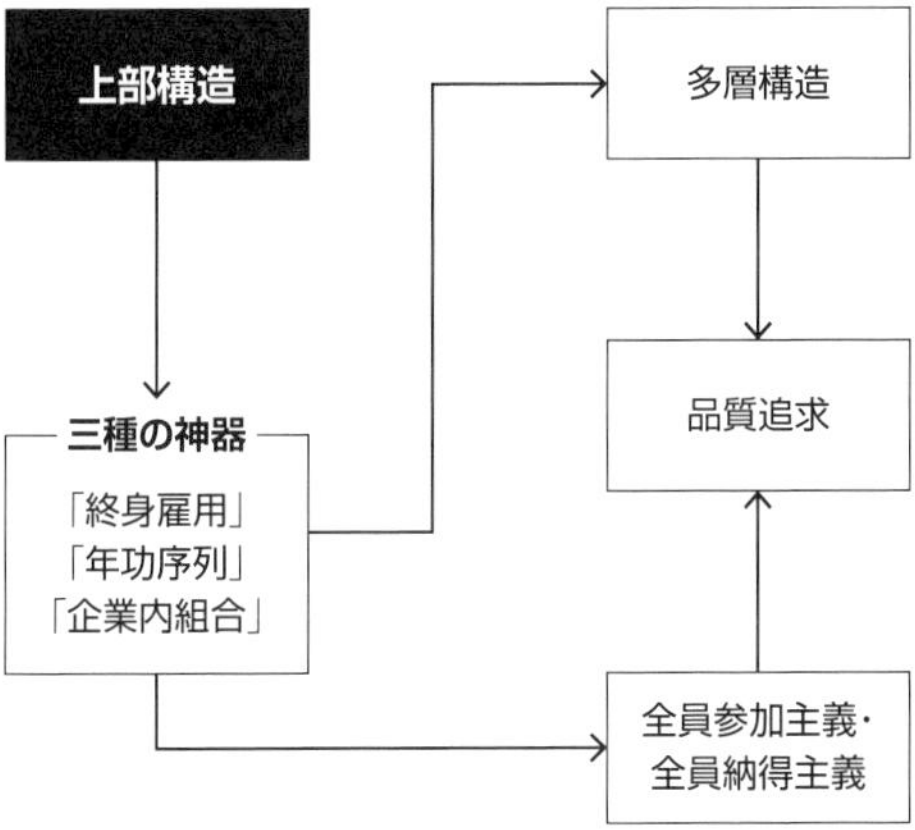

　では、かつての成功をもたらした特性とは何で、そしてその何が逆作用するにいたったのか。私の関心はここにあった。

　そこで仮説を用意した（図７）。一般的に「高度成長期」とは１９５０年代中盤から１９７０年代前半までを指す。広く１９５０年の朝鮮戦争特需から始まりオリンピック景気を経由してオイルショックまでの時期は、日本型経営として「三種の神器（〈終身雇用〉〈年功序列〉〈企業内組合〉）」に特徴づけられる。

　日本経済と企業の発展は個人主義に根ざしたものではなく、農業的な安定性と協業が是とされ「全員参加主義・全員納得主義」が生まれた。同時に参加者と下請企業を固定した「多層構造」が形作られ、さらに現場の地道な改善を積み上げる「品質追求」へと注力させた。このサイクルで作られる商品が世界を席巻するにいたった。

「高度成長」「三種の神器」「全員参加主義・全員納得主義」の成立

日本はそもそも敗戦国であり、１９５０年の朝鮮戦争あたりから高度成長期の70年代にかけて急速に欧米へ追いつこうとした。１９５０年には日本の農業従事者は約50%にいたっていた。そこから工業化に邁進《まいしん》した。つまり農業従事者大国から工業従事者大国に化けた。当然ながら、農業従事者的な、安定と継続を前提とする働き方を引き継ぐのは当然といえた。

現在、「ジョブ型雇用」が話題になっている。これは雇用の条件や役割、報酬が明確に規定されるものだ。対義語は「メンバーシップ型雇用」といわれ、これまでの日本で多く見られてきた形とされる。これは会社組織にまず入ってもらってさまざまな経験を積んでもらうものだ。この考えは、人材の流動化がさほどなく、時間に比例して組織と現場を熟知することによって仕事の成果が出るのを前提としている。だからこそ年長者の報酬が高い。

組織全体の熟知のために、日本企業では社員が、個人だけの意識を超えて、組織全体の向上へ積極的に関与する必要がある。もともと農業従事者的な素地があったとはいえ、全員が参加する経営はどのように形成されていったのか。

多くの先行研究によると１９６０年代に貿易の自由化、競争環境の激化により、日本企業に危機感が醸成された。そこで日本企業は欧米に人材を大量に送り、なんとか先進の生産システムを学習しようとした。しかも、全員の力を団結して改善活動に猛進するしかない。その危機感から労使が団結した。

日本型経営は、従業員全員で会社を支えるものだとされ、そこで、日本企業はＱＣサークルで見られる通り、全社員の参加を志向した。

日本企業研究の第一人者に故ジェームス・Ｃ・アベグレン氏がいる。氏は著書『日本の経営』で１９５０年代の日本企業を分析した。そこで「lifetime commitment」なる単語を使い日本企業の雇用慣行を紹介した。これは訳語「終身雇用制」として定着した。また氏は「年功序列」「企業内組合」が日本企業繁栄の源泉であるとした。

その「終身雇用」「年功序列」「企業内組合」は、日本経営の「三種の神器」と呼ばれた。

「終身雇用」とは企業が社員を解雇せずに定年まで雇う仕組み。「年功序列」は勤続年数や年齢で賃金を決める仕組み。「企業内組合」とは企業単位での労働組合で、欧米の産業別と異なり、生涯一緒に働くメンバーで構成される。

このどれがそれぞれ神器の「鏡・玉・剣」にあたるのかは不明であるが、高度成長の当時に神から受け伝えられた宝器である「神器」と称しているのは象徴的だ。日本の奇跡的な繁栄の絶対的な根拠はわからないが神器ゆえだろう、という態度――。ただ、少なくとも三種の神器の成立と危機感、労使団結のおかげで、日本企業の各現場においては、現場社員の誰もが積極的に、自らの職務範囲を超え工場全体の生産性向上に関与しはじめた。

同時に発注者と下請企業との蜜月も始まった。中長期的な関係を前提とする取引関係は供給面で安定し、さらに企業間で団結した改善意欲と上位企業からの指導は技術を向上させる役割を果たした。

そして時を経ること、１９７５年には最高裁が企業の解雇は濫用するべきではないと判決を出し、その前後として労働者のストライキは減少していった。失業率を下げる代わりに、労使が一体となった体制が完成していった。他の先進国と比べても失業率は低水準にとどまり、企業は政府の代わりに福利厚生を労働者に与え、官民の補完体制が完成した。

全員参加主義に適した品質追求

ところで私は、工業化した日本が、かつての農業従事者的な、安定と継続を前提とする働き方を引き継ぐのは当然と書いた。さきに挙げた『日本の経営』で印象的な箇所がある。

著者が、大手鉄鋼会社の社長による社員に向けたスピーチを紹介したうえで、驚嘆とも感心とも思える分析を書いている。まずそのスピーチはこのようなものだったらしい。

「ここに集まったわれわれには『誕生』と呼べる機会が二回あったとわたしは考えている。第一は産声をあげてこの世に生まれたときである。第二は当社に採用されたときだ。これは産声をあげたときと変わらぬほど重要な出来事である」

氏はこのあとに「日本が工業化に成功を収めたのは、社会の構造や関係の革命が徹底したものであったからではまったくなく、逆に日本の社会関係の中核部分がそのまま維持され」たからではないかと論じ、「日本の社会制度は異例なほどの持続性をもっており、第二次世界大戦で完全に敗北したときの反応によってもこの持続性があらためて証明され、注目されたが、これは日本人がもつ神秘的な適応能力の結果ではない。さまざまな変化があっても、社会の継続性という基礎が維持されていることの結果なのである」と述べている。

企業内の構成員が家族であれば、その組織が「終身雇用」「年功序列」のような三種の神器を生み出し、全員参加主義を生み出したのは必然だったのだろう。

山本七平氏も、読みつがれている『日本型組織 存続の条件』で「日本にあるのは組織ではなく、脈」と述べ、脈々と続く人間関係のありようを述べている。脈こそが重要で、組織構成員が動くのは、命令ではなく全員総意の伝統だというのだ。

労使団結による全員参加主義――。日本企業の優位性はかつて、その同質性にあった。団結力があり、コツコツと目の前の課題を改善して全体の生産性向上につなげていった。10秒の組み立て時間を９秒に。不良品０・０２％を０・０１％に。１００円かかるコストを99円に。こういった地道な改善は日本企業の強みであり、他の追随を許さなかった。

そして重要なのが、このような日本企業の志向として品質追求がもっとも適していた点だ。作業時間を短くするのも、コストを下げるのも、大きな意味では品質追求だ。短時間、低コストで質の良いものを追求する。

この日本企業の姿勢が受け入れられたのは時代の偶然だった。少なくとも歴史を振り返ればそう言える。品質の良い自動車、家電、機器装置類を生産するのが、まだたやすくなかった時代。日本は時代に適合する体質と志向を有していた。

この章の冒頭で述べた、「高度成長期」にそれを支えた「三種の神器」と、結果としての「全員参加主義・全員納得主義」「多層構造」「品質追求」はこのように成立した。

シームレス化とピラミッド構造

個人的な話だが、私が二十数年前に新入社員として働き始めたとき、ちょっとした驚きがあった。というのも、部長の机前のテーブルに仕入先の社長が作業着のまま座っているのだ。新聞を読んでいた部長は気づくと、新聞を広げた手を休め、自らの席に手招きした。そして事業の状況などを話し合っていた。

私が業務上の相談を先輩にしていると、隣にいた仕入先の関係者が「こうすればいいよ」とアドバイスをくれた。現在ではありえないが、過去はこれが日常茶飯事だった。

現在では、コンプライアンスや情報機密保護の観点から、他社の人員をオフィスに招くのを禁じている企業がほとんどだ。しかし、二十数年前は企業間の境目がほとんどなかった。おそらく当時に「機密書類の多い職場に他社の人員を入れていいのですか」と質問すれば誰もが「問題かもしれない」と答えてくれただろう。ただし現実的には、どこでも出入りできるのが普通だった。これは比喩ではなく、当時の会社員らは仕入先と一体化していると思っていたのだと思う。

会社は誰のものか、なるナイーブな議論がある。会社は株主のものだが、日本ではその制度論を超えて、会社は社員一人ひとりのものだと思われてきたし、いまでもそう答える人がいる。それは役職に関わりなく社員全員の努力で商品の質を上げてきた実感と事実があるため、当然だった。日本経営者の自伝を読んでみると、社長自らが現場でオイルにまみれながら全員と一緒に汗を流したエピソードがあふれている。

その証拠に、いまでも日本企業で働く社員をつかまえて訊いてみればいい。おそらく執行役員と取締役と代表取締役の違いを説明できる人はいないだろう。教科書通りならば、株式会社は株主のものであり、その株主が選定するのが取締役。取締役会設置会社の場合は、取締役会の決議で代表取締役が決まる。そして、執行役員とは従業員であり各業務を運営する。それぞれ別のものだ。

しかし日本企業では『島耕作シリーズ』のように、一般社員から順に昇っていくイメージが強い。一般社員も執行役員も取締役もひと続きの出世ルートと思われている。

ところで奇妙なことではあるが、組織内外はシームレスであるものの、前章までで説明したようにピラミッド構造＝多層構造となっている。それは「終身雇用」と「年功序列」を外部に拡張した形だからだと私は思っている。

つまり、一度その傘下に入ると中長期的な取引関係を結ぶ（＝終身雇用）が、最終商品を企画開発した企業を頂点とする（＝年功序列）構造なのだと。下請けは元請けからの「これを作ってほしい」という依頼に応える。元請けは売れる商品を考えるから、年功序列ならぬ考功序列とでも呼ぶべきか。日本では企業規模が小さいほど、あるいは下請け、孫請けになるほど賃金水準が下がると知られているが、それも年功序列の応用バージョン（＝考功序列）だと考えればわかりやすい。

誰も責任を取らず将来に投資をしなくなった日本

さて、「多層構造」「品質追求」「全員参加主義・全員納得主義」が現代においてどのような問題を引き起こしているかは前章に述べた。

高度成長期には栄華を誇った日本企業群だったが、90年代ごろからほころびが見え始め、そこから「失われた30年」が始まったと言われる。日本企業群の強みが逆回転しはじめた。

全員参加の姿勢は、そのうち「誰も責任を取らない」と同義になっていく。誰も責任を取らないので、なんとなく全員が責任を取る。だから、全員がとりあえず「知っておくこと」が重要となった。会議は全員参加で全員の合意を取る。

余談だが、かつて私が著書で某氏の文章を引用したことがある。編集者からは「許可を取っておいてください」といわれた。私は「著作権法上で妥当な範囲内なら引用は可能では」と問うと「法律じゃないんです。このあとに仕事がやりにくくなりますから」といわれた。

日本企業では関係者全員に一報しておくこと、説明しておくことが重要となり、物事の決定スピードは常に遅れる。

たとえば広告代理店などの会議では、まったく発言しないし進行にも寄与しない参加者が大勢いるが、あれは参加自体に価値を求めている。そこで日本組織では物事に反対するときに「俺は聞いていない」が常套句《じょうとうく》となった。

前述した『日本型組織 存続の条件』で山本七平氏は、他国では失敗した際に備えて第二案、第三案があるが、日本は徹底的な議論をせずに、空気とあうんの呼吸でなんとなく一案に絞られていくと指摘した。その一案とは、多くの場合は前例踏襲だ。全員に知らせ、全員が納得する必要があるので、組織構成員としてもっとも合理的なのは変えないことになった。

誰も責任を取らないからだろうか。日本企業に陰りが見えたときに、むしろ外国企業を批判する言説が見受けられた。

私が若い会社員のころ。もっとも有益だったアドバイスの一つに「『あれか、これか』と迫ってくる人がいたら疑う」がある。単純な二項対立があるはずはなく、「あれも、これも」の可能性を考えろ、と。

私は幸運か不運か80年代から90年代前半のバブル期を会社員として過ごした経験はない。バブル崩壊後に外国企業が日本企業を買収するニュースをたびたび見たが、外資系は短期的な利益ばかりを考え、日本企業は長期的な経営を考えていると聞いた。さらに身近にもそう語る人たちがいた。その後、外国企業を指してハゲタカと呼ぶ流行が起きた。善的存在vs.ハゲタカ。そのような単純な二項対立はあるのだろうか。これは私が先に述べた、外国企業を批判する言説の一例だ。

誰かをハゲタカ呼ばわりするなら、なぜ日本企業が買収しないのだろうか。そして赤字企業や破綻した企業を買うのだから、むしろ短期的にはマイナスではないのだろうか。こう疑問を周りの先輩らにぶつけてみたが、答えを教えてくれる人はいなかった。なかには政治家が結託して日本の国益を外資に流し込むのが目的だと教えてくれる人もいた。それが陰謀論なのか真実なのか、私は知らないし惹かれない。ただ、すべての買収劇が陰謀に塗りつぶされてはいないだろう。

むしろ、短期的利益も、長期的利益も、あれもこれも追求はできないだろうか。実際にハゲタカ呼ばわりされた外国企業は積極的な投資を繰り返してきた。私は日本企業で働いてきたし、さらに日本企業をコンサルティングしている。企業の業績が不振になると、雇われ経営者は大きな決断ができないためか、「ケチケチ作戦」と称してコスト削減に努める。投資を抑制し、嵐が通り過ぎるのを待ち、そして復活を祈る。大幅なリストラクチャリングも事業構造転換も行わない。

なお私はコスト削減を否定するものではなく、むしろ肯定している。しかし同時に、コスト削減と並行してつねに将来への種まきをせねばならないと思う。

たとえば２０００年を１００としたときに、設備投資の伸び率は図８のとおりだ。

２００９年は国際金融危機の翌年、２０２０年はコロナ禍が生じた年だ。そしてデータの最新年度を見ると、米国がトップを独走しているいっぽうで、日本は英国にも水をあけ

図8　各国の設備投資の伸び率

年	フランス	ドイツ	日本	英国	米国
2000年	100	100	100	100	100
2009年	107.7	97.9	94.1	90.5	105.5
2020年	145.8	122.1	109.5	115.1	165.3
2021年	151.4	124.7	108.7	116	177.5

「令和4年度　年次経済財政報告」より著者作成

られている。むしろ、この投資状況を見たうえで、あえて二項対立で語るならば、日本が短期的な利益を追求し、米国が長期的な利益を追求しているように見える。

喩えはおかしいかもしれないが、地方から上京した青年が必死に働き（日本）、必死さが仕事の成果に直結する幸運があり（製造業）、大金を得たものの（高度成長期）、そこで得た大金を次のスキルに投資できなかったために（産業）、後進に抜かれるにいたっている（失われた30年）。

減価償却費とは、これまで投資した分の、年間割を表現している。設備投資の額は、この減価償却費と同じか、あるいは下回っている。昔から使っている設備を更新せずに、企業が成長するための投資がほとんど行われてこなかった。

また強く思うのが、日本企業のマーケティングの不在だ。マーケティングには二通りある。プロダクトアウトとマーケットインだ。前者は顧客が想像もしない商品を作り市場に出すこと。後者は顧客が望むものを出すこと。

私が思うに、この二つともに足りなかった。たとえばプロダクトアウトでいえば、企業がほんとうに作りたいというよりも、品質維持の名目で機能を単に増やしたのは前章で述べたとおりだ。また、マーケットインにしても、調査が足りなかった。サムスンは中国に駐在員を大量に送り込み居住させ、中国の文化を摂取させたうえで、現地の人が必要な商品を洗い出す。しかし日本企業は統計データを資料でまとめるだけで本質的な分析はしなかった。日本企業は徹底が足りなかったといえる。

その理由には、既存の状態を踏襲せねばならない制約があった。日本企業は多層構造を抱えている。間接的に雇用を抱えていた。それを破壊する決断はとれなかった。既存商品をまったく不要とする結論は出せなかったし、機能を大幅に縮小したり代替したりして組織人材の大半が不要になる結論を出せるはずがなかった。あくまで組織は存続が前提だったからだ。

人材が固定化する日本企業

私は日本企業が、大幅なリストラクチャリングも事業構造転換も行わない、と書いた。

その理由として、日本企業が従業員を解雇できない事情をあげる人がいる。１９７５年には最高裁が企業の解雇は濫用するべきではないと判決した歴史も紹介した。

ただ解雇についての国際比較では、米国ほどではないが、日本はまったく解雇できない国でもなく、国際的には中程度と評するのが妥当だろう。実際に日本でも零細企業では解雇が相次いでいる。しかし、法的問題は別として、終身雇用が成長のエンジンであった経験や風評を気にして大企業は一方的な解雇をほぼ行っていない。

ところで先に紹介したジェームス・Ｃ・アベグレン氏の『日本の経営』は日本経営を手放しで称賛したものではない。しっかりと「将来、競争上の優位がなくなったときに、雇用関係の硬直性の影響が全面的にあらわれてくるだろう」と指摘している。

私は数年前にＢＰＯ（Business Process Outsourcing）の状況を各社にヒアリングしていた。このＢＰＯとは業務プロセスを外部の企業に委託する戦略だ。欧米ではだいぶ前に活用されていた。日本企業にも導入が始まったころで、多額の効果が喧伝されていた。また同時にＳＳＣ（Shared Services Center）も流行した。これは企業の各グループ会社で共通の業務をまとめて実施するものだ。

たとえば私の専門領域のサプライチェーンでいえばＢＰＯの活用余地は、市況調査から見積依頼、見積書比較、発注、データ作成など、さまざまなノンコア業務がある。ノンコア業務とは、従業員が行っても付加価値をあまり付けられない、利益に直結しない業務だ。またＳＳＣではサプライチェーン部門自体を統合して効率化する、などが考えられる。

　そこでヒアリングを進めていたのだが、効果の実額に質問がいたると導入した各社の反応が冴えない。印象的だったのが通信業の企業で「効果ですか……。従業員の仕事がなくなっても、人員数が減るわけではないので……。そうですね。ＢＰＯに任せたり、グループ各社で仕事を統合したりして、一部の社員を一箇所に集めることができましたから不動産賃料くらいは下がったかな」と吐露された経験だ。

　つまりＢＰＯに任せたり、ＳＳＣを設立したりすることで、担当する社員一人ひとりの業務は理論的には軽減する。これまで2時間かかっていた業務が30分になる。表面上、難しくいえば管理会計上のコスト低減効果は出るように見える。しかし実質上の効果を出そうと思えば、その浮いた人員が他の付加価値業務に従業するか、あるいはいなくならなければならない。

　日本企業の話をする際に、ＩＴ化≒ＤＸ化の遅れがほうぼうで指摘されている。この理由はさまざまあろうが、私は人材の固定化にあるのではないかと考えている。ＩＴを導入しても、従業員数の温存ゆえに効果がダイレクトに反映できない。機械化ではなく、派遣社員やパートの利用でお茶を濁しながら、根源的な事業再編ができなかった。

成功体験を捨てられるか

ここまで指摘した歴史的系譜と問題点に日本人が気づいていなかったとは思わない。日本人の平均的な知的水準が高いことは疑いようもない。おそらく海外企業と仕事をした人ならば納得してくれるだろう。

しかし日本には「アジアの奇跡」とも呼ばれるほどの高度成長期を経験した成功体験があった。恥ずかしながら私もこの成功体験を引きずっている感がある。

以前、私はコンサルタントの師匠に興味深い話を聞いた。師いわく「会社員が独立しても、会社員時代の単価から脱却できる人はいない」と。会社員時代に１００円の商品を販売していたら独立後も１００円の商品を売る。一件１００億円のビジネスは想像もつかないのだ、と。これが統計的に正しいかは知らない。ただし、「単価」を「成功体験」に置き換えると、面白いかもしれない。

ところでふたたび個人的な話だ。私は20年以上前に、総合電機メーカーに入社し、その後に自動車メーカーで働いた。その双方にＱＣサークルという活動があった。

ＱＣサークルでは何をするか。自発的に職場の改善テーマを見つけて、メンバーで改善策を検討し、さらに資料を作成して、その結果を発表する。とても面白いと私は思った。自発的といいながら、実際にはＱＣサークルは強制されていた。さらに自発だからという理由で支払われない残業代があった。おそらく多くの職場でも同じだろう。

私は職場のＱＣサークルでリーダーに選抜され、無理矢理に職場の問題点を設定し、さらに、上司からさまざまな指摘を受け資料を修正し（なぜ現場の自発的な改善活動が上司の目を通過し、さらに資料を修正する必要があるのだろう！）、また内容発表の練習を繰り返した。つまりＱＣサークルは現実的には労働搾取として作用していた側面は否定できない。

ただ、とても一筋縄ではいかない感情を私はもっている。これらの活動は現場の社員に半ば強制であると語り、さらに残業代が支払われない実情を語った。しかし、このＱＣサークルが無意味だったとは思えない。

というのも、ＱＣサークルの過程で、私はＱＣ七つ道具を知った。これはパレート図、特性要因図、グラフ、ヒストグラム、散布図、管理図、チェックシートなどだ。ただ、これら細部の説明は必要がない。重要なのは、これら業務の定量分析に必要な尺度や手法を、強引にも学んだ点だ。

現場で問題があれば管理職が察知して、その改善を担当者に指示すればいい――と私は思っていた。しかし、現場の問題点を把握するように〝巻き込まれた〟私は、当時は反発を覚えたものの、それらQC七つ道具など貴重な学習の機会を得た。私は現在、製造業を中心とするコンサルティングに従業している。そのとき、経営の実態を分析する魔法のツールはなく、製造現場で活用されるQC七つ道具などを使う地道な分析が重要と知った。

おそらく、私の現在のコンサルティング業務は現場での経験と、そしてQC七つ道具などの活用がなかったら実現できなかった。新卒でコンサルティング業務に従業する人たちはたくさんいるが、私は現場を経験したコンサルタントとして、他のコンサルタントよりも比較優位を保っている。製造業の方からコンサルティングの依頼を多くいただくので、売上増につながっている。

私は新入社員時には何の仕事もできなかったにもかかわらず、終身雇用の安心はあった。さらに、全員参加が前提だったのでメンバーをしつこく説得した経験は現在に役立っている。多層構造で多くを学んだ。また品質追求にこだわる姿勢は糧となった。

それも、おそらく強制的にQCサークルへ参加させられた経験などが元になっている。

だからこそ一筋縄ではいかない感想をもっている。企業の成長のなかで、全従業員がＱＣサークル等の生産性向上活動に進んで取り組んだと思うほど私はナイーブではない。なかにはイヤイヤ参加した人もいるだろうし、何の学びにもならなかった人も多いだろう。ただ、強制的であっても参加した従業員たちが、私と同じような感想をいだき管理職になる。すると、自然に自発的な全員参加型の改善活動を部下に勧めるようになったのではないか――と肌感覚で考えている。

しかし、解雇の可能性があれば私はもっと学んだり、より個性を発揮できる職場に転職したりしたかもしれない。全員参加ではなく天才の一人が決めたビジネスが最高利益をもたらすかもしれない。多層構造ではなく、水平分業が効率的かもしれない。品質は必要以上にこだわらないほうがいいかもしれない――といった問いを思いつかないほど、成功体験は大きい。この成功体験を捨てられるかが、これからの日本企業に必要だと私は信じている。

第四章

「売ってもらえない国」から脱出するための12の提言

日本の落ちた陥穽

ここからは日本企業への処方箋を述べていきたい。上部構造の「日本産業の没落」と下部構造の「多層構造」「品質追求」「全員参加主義・全員納得主義」を払拭する方法だ。

まず「多層構造」は、買い手の慢心によって下位仕入先は「納品して当然」と思われるようになった。さらに下層がブラックボックス化し、トップ同士の交流も希薄となった。次に「品質追求」は、それが自己目的化し、現状の維持が最善となり、部材点数が増え、また仕入先の変更も認めない態度にいたった。さらに品質を追求するあまり冷静なコスト計算を失わせた。

「全員参加主義・全員納得主義」は、意思決定スピードの遅さ、横並びをもたらし、行動力の欠如を招いた。時代と環境変化へ対応する柔軟性を失っていった。

その結果、魅力的な商品を生み出せず、経済は相対的に地盤沈下し、日本産業が没落。それが買い負けをもたらしている（図9）。

何か特定の施策で全体が完全に回復することはない。複雑系の世界で「これさえやれば問題解決」という言説は多くの場合まやかしだろう。しかし、現場の立場からいくつかの

図9

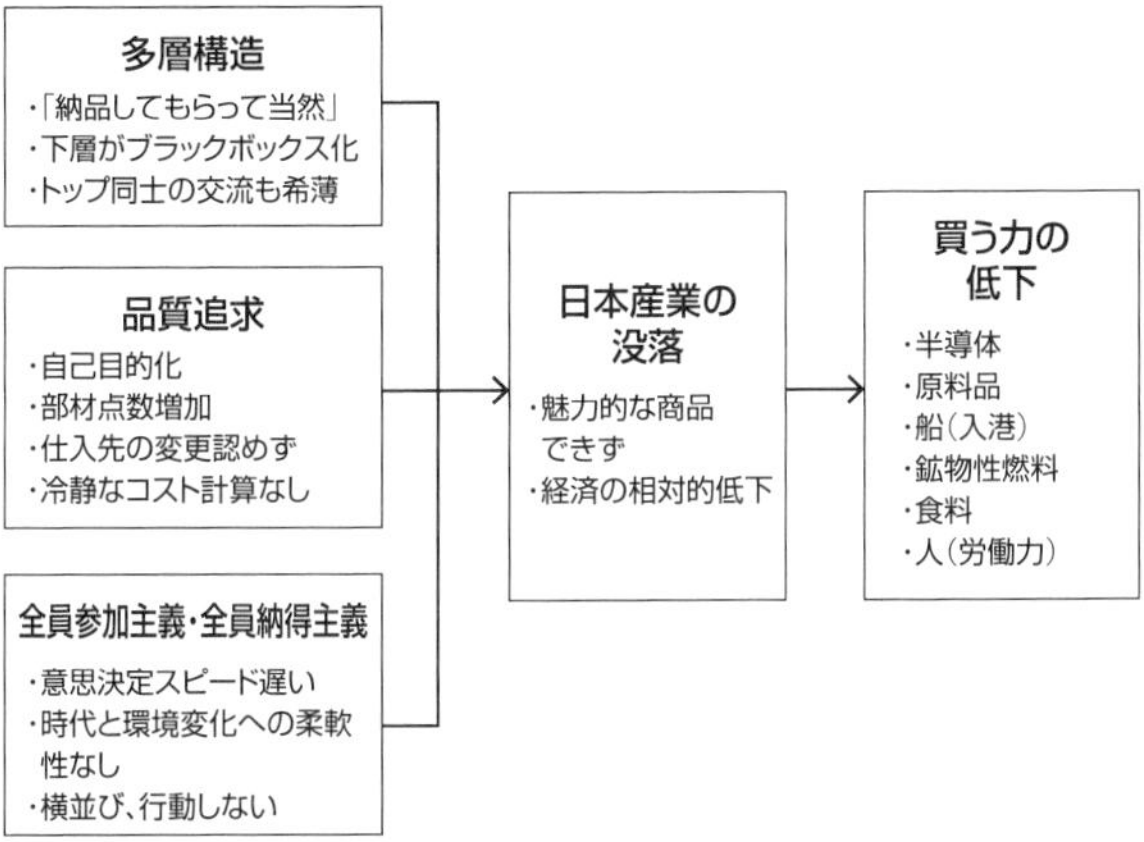
多層構造
・「納品してもらって当然」
・下層がブラックボックス化
・トップ同士の交流も希薄
品質追求
・自己目的化
・部材点数増加
・仕入先の変更認めず
・冷静なコスト計算なし
全員参加主義・全員納得主義
・意思決定スピード遅い
・時代と環境変化への柔軟性なし
・横並び、行動しない
日本産業の没落
・魅力的な商品できず
・経済の相対的低下
買う力の低下
・半導体
・原料品
・船（入港）
・鉱物性燃料
・食料
・人（労働力）

図10

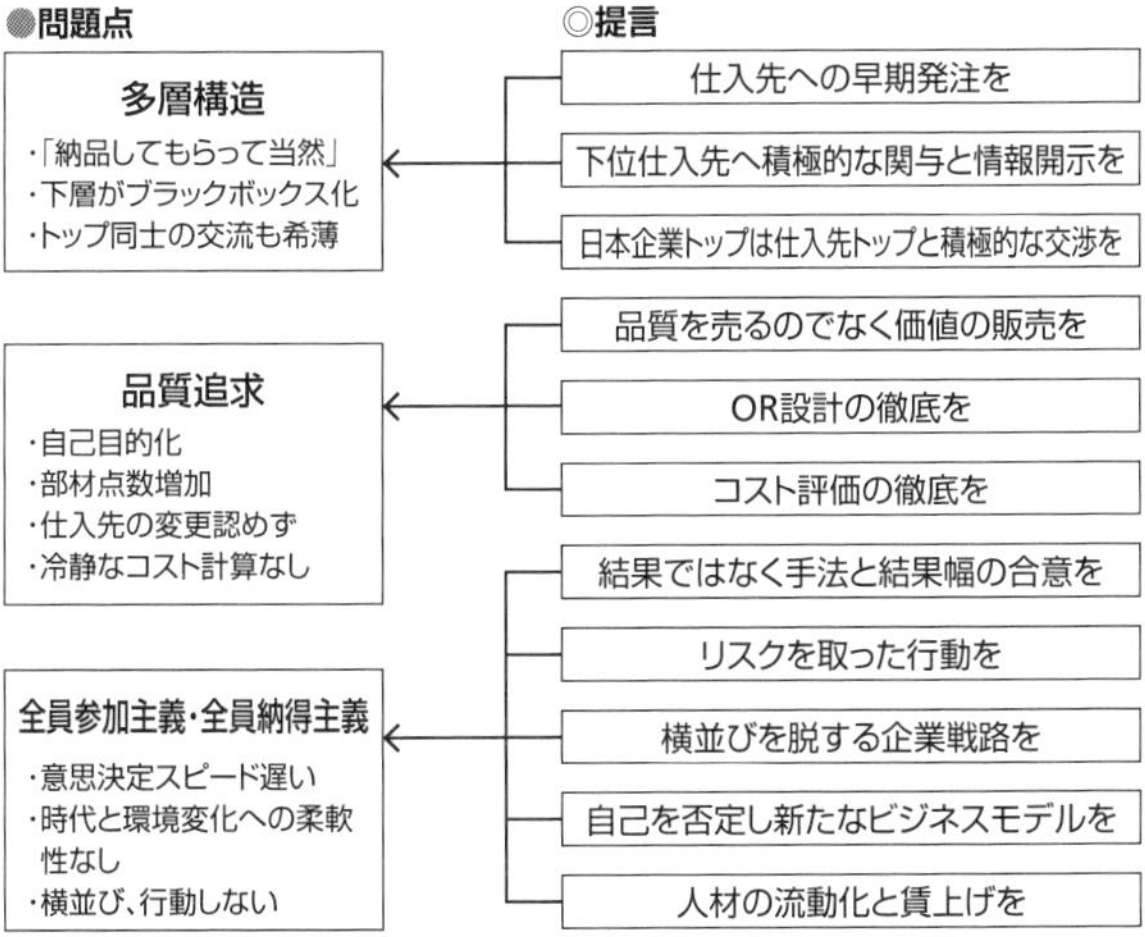
●問題点
◎提言
多層構造
・「納品してもらって当然」
・下層がブラックボックス化
・トップ同士の交流も希薄
仕入先への早期発注を
下位仕入先へ積極的な関与と情報開示を
日本企業トップは仕入先トップと積極的な交渉を
品質追求
・自己目的化
・部材点数増加
・仕入先の変更認めず
・冷静なコスト計算なし
品質を売るのでなく価値の販売を
OR設計の徹底を
コスト評価の徹底を
全員参加主義・全員納得主義
・意思決定スピード遅い
・時代と環境変化への柔軟性なし
・横並び、行動しない
結果ではなく手法と結果幅の合意を
リスクを取った行動を
横並びを脱する企業戦略を
自己を否定し新たなビジネスモデルを
人材の流動化と賃上げを

提言を述べる（図10）。

提言1：仕入先への早期発注を

まず「納品してもらって当然」の思考ではなく、仕入先を考慮し、先手を打って仕入先が供給しやすい環境を構築せねばならない。

住宅メーカーのサプライチェーン管理者はいう。「これまで曖昧さに安住していた側面はあると思うんですよ。たとえば今後の需要についても、多いとか少ないとか、口頭で伝えていました。でもそれって定量的じゃないし、目安にしかならない。それは責任を免れたかったからだと思うんですね。給湯器が今後1万台ほど必要になると言っちゃうと、契約は別として倫理的とか道義的には引取責任が生じる。だからこれまでは1万台ほど必要だとは言わなかったんですよ。あくまでざっくりと、需要が伸びるとか落ち込むとかいった情報のみです。それも需要の目安であって、正式には注文を待ってください、と伝えていました。しかし、それではモノ不足の局面で確保はできません。だから、これからは積極的にフォーキャスト（注文予定数量）を提示するようになりました。さらに条件によりますが、大幅に変動があった場合は、フォーキャストからズレた分を買い取る契約にしようとしています。これなら仕入先も安心ですよね」

ここで少しだけ経験談を話す。少し不思議だった。私はサプライチェーンの実務とコンサルティングの両方を経験しているが、諸外国に比べ、日本では自社の需要数量予想を本気で試算し仕入先に提示する企業が少ないように感じられた。適当にではない、本気でだ。

たとえば、今後、翌月には1万個、翌々月には2万個、翌々々月には3万個、それぞれ注文します、と仕入先に伝えられれば仕入先も用意ができるはずだ。先に説明した通り、これまで発注側が強く、受注側が弱い立場にあった。ただし、これからは、買い手と売り手が対等で平等であるのが当然、との認識が広がってくるのかもしれない。

半導体メーカーの複数人が同じ内容を話してくれたが、さらに内示情報だけではなく、早めに注文するのが一番だという。

「これくらい発注しますから、と予定情報をくれる日本企業はいます。しかし、結局は予定です。役に立たないわけじゃありません。過去から着実に注文してくれる企業がいたら、その分の余裕はもっておかねばならない、と思います。しかし、予定じゃなくて実際の注文がほしい。そうじゃないと社内を動かせない。お得意さんから1万個の予定を聞いていています、ではなく、一見さんから１０００個の実発注がありました。こういうほうが社内を動かしやすいですからね」

さらに某重電企業で働いているサプライチェーンマネージャーの言葉だ。

「日本企業は海外企業に買い負けていたと思いますよ。理由は、実弾が足りませんでした。日本企業は、将来の話をする。『これだけ事業が伸びる可能性があります。だから御社への発注量も増える可能性が高い』と。あくまで可能性なんです。実際に発注をする実弾ではない。だから弱いんですよね。中国のオーナー企業なんて、すぐに発注してくれる。こちらは可能性、中国は実弾。これは日本が負けますよ。だから、これからは口先で語るだけではなく、実際の注文も出さなければならないと社内で検討しています」

先の住宅メーカーのサプライチェーン管理者はフォーキャストを出すと言い、買い取り保証がセットだったので、実質的な注文を早期に発行すると見ていい。もちろん買い取りはお金が必要だからリスクはある。しかし調達品のすべてを買い取らなくても、重要調達品だけでもいいので早期の実弾＝発注が望まれる。仕入先が逃げない取り組みが必要だ。

提言2：下位仕入先へ積極的な関与と情報開示を

第二章で発言を紹介した、情報通信業の会社でサプライチェーンを統括する責任者にふたたび登場いただく。なおこの企業は、取材をしていてほぼ例外的といっていいほどスムーズな物品調達を実現していた。その秘訣はどこにあるのだろうか。とくに、通常ならば商社などを経由して調達している仕入先を口説く姿勢が非常に印象に残った。

「『日本は買い負けている』と言われますよね。その逆を考えると、重要なのは『買い込みする』ことなんだと思います。とにかく日本では買い手が偉くて、売り手が弱いと思いこんでいます。立場は同等なんだから、買わせてください、と逆営業をかける。なんとか売り手のトップに会いに行く。知り合いでも誰でもいいから辿ります。真剣にやればなんとかアポイントが取れますよ。

トラブルになってから行くんじゃなくて、事前に行かなければダメ。だって市況が逼迫してからは誰だってお願いしてくる。普段からの関係性が重要です。米国なんて、従業員が次々に辞めるでしょう。だから多層的に、さまざまな階層の方と知り合いになっておかねばならない。これは戦略的に重要ですよ。

日本企業は真面目すぎます。嘘はいけないけれど、『自分たちと付き合うと、こういういいことがあるよ』と説明できない。市場がこれだけ広がるから、一緒にビジネスしてくれと、市場の情報をつねに与えておく。私たちには優先的に商品を供給してくれと語ったり、自社開発のロードマップを伝えたりするべきです。

日本企業は思い込みがあって、日本の商社経由でないと購入できないと信じている。でも交渉しだいでは、直で購入できるんですよ。日本の商社からは『ウチを外せると思うんだったら、やってみればいい』と脅されました。でも、普通にできますよ。何よりも海外企業のトップとつながれるのがメリットです。場合によっては、商社が、違う商社から仕入れていて、さらにそのさきには違う商社がいる場合がありますからね。何重もの構造になっていて、そうなると納期交渉をしようと思っても無理。

私たちの会社でもさまざまな議論がありました。もっとも多かったのは、不良品が出たときに、私たちは英語で外国企業と交渉するんですか、日本の商社に任せましょう、という議論です。でも、そもそも不良なんてそんな頻発するんですかって話です。それなら、初めから使うなよ。それに商社経由で依頼したって、出てくるレポートは同じですよ」

日本はサプライチェーンの下位がブラックボックス化していることを第二章でも紹介した。顔が見えていない。だから、積極的に会いに行ったり、情報を伝えたりする必要があるのだ。さきの発言にはなかなか現場の説得性がある。

日本人が不得意なスタイルに、恥も外聞も捨てて交渉するのがある。

「モノが手に入らないとか、納期が遅延するとか。そんなことがあったら、もう恥ずかしげもなく、やれることをなんでもやったらいいんですよ。海外企業なんてなんでもやっていますよ」。だからどの企業にでもダメ元で会いに行けという。

日本企業は取引構造を重要視する。商社経由で何かを調達しているとき、もちろん商社と交渉するために、下位仕入先とは間接的にしか会話できない。しかしこれを「恥ずかしげもなく、やれることをなんでもやったらいい」という。日ごろから、直接の仕入先ではないかもしれないが、下位仕入先と積極的に対話し関係をつくっておくのだ。そして、この買い手は無視できないと思わせる。

また情報開示について、さきのコメントで、日本企業は「自分たちと付き合うと、こういういいことがあるよ」が言えない、とあった。

ある半導体メーカー幹部は興味深いことを言っていた。「日本企業は世界に比べて伸びていませんよね。だから、必然的に将来のビジネスの展望を語れない。しかし、欧米企業を見てくださいよ。さほど確信のない未来であっても自信満々に語るんです。ビジョンを語る。

そうすると、こちらは自社内を説得しやすくなるんですね。この企業は伸びるから社内のリソースを振り向けていこう、と。日本企業は真面目だから、不確実な将来は語れないかもしれない。でも、それって非常にソンをするんですよ。

　こちらにも夢を見せてもらいたい。そうじゃなきゃ日本企業のファンもいなくなるし、誰もついてきませんよ」

　これも多層構造ゆえの「仕入先は何も言わずともついてきてくれると思ってしまう」体質だからかもしれないが、これからは意図的にビジョンや成長予想で仕入先を口説く姿勢が重要だろう。

　また単なる情報開示にとどまらず、下位仕入先に積極的な技術指導を試みる日本企業もあった。第一章、第二章で紹介した大手食品メーカーのマネージャーだ。

「私たちは企業なので不満だけ言っても仕方がありません。とにかくこちらに振り向いてもらって供給してもらわないといけない。だから技術提供しかないと思いますよ。

　たとえば日本が米国の農家を訪ねていく。『生産性が倍になる方法を教えます』と持ちかけて、労力は同じで2倍の収穫量を実現してもらう。日本はその倍は購入しないかもしれないけれど、せめて日本企業に恩義を感じてもらって、なんとか供給を絶やさないようにする。理想論かもしれないけれど、それしかないと思います」

たしかにクールに考えれば、その農家が日本に供給を続けるかはわからないし、そもそも収穫量を倍にできる技術を日本側が提供できるかは不明だ。しかし、日本の購入量は低下している。とはいえ、一部の領域では日本にまだ競争力の高い技術力は残っている。それを活用して供給を促していく。もしかするとこれはロマンかもしれない。ただ、そのロマンに賭けるしかないことを、そのマネージャーの真摯な目が語っていた。

提言3：日本企業トップは仕入先トップと積極的な交渉を

たとえば電気自動車のテスラＣＥＯであるイーロン・マスク氏は、サプライチェーンに関心をもっており、入手難の調達品を自ら交渉していた。調達戦略も自らが率先して構築し、自社の生産継続に取り組んだ。おそらくサプライチェーンの重要さを知っており、部材の入手を自社の最優先課題と理解していたのだろう。

いっぽう、ごくわずかな例外を除いて、日本企業でトップが直々に仕入先と交渉した例を聞くことはなかった。いまだにトップ交渉など有効なのだろうか。

機器装置メーカーの責任者から面白い話を聞いた。そのメーカーは京都にある企業から製品がまったく納品されなかった。酷いものは発注して７００日も納品されないケースがあったという。「古い方法なんですが、こちらの社長とその京都企業の社長がなにかのイベントでゴルフをご一緒すると聞きつけて、直談判を試みました。こちらの社長から納期を縮めてくれと伝えてもらったんです。京都企業の社長はゆっくりと頷くだけでした」。が、翌日に事態は急転直下する。とたんにその企業から納品されるようになった。これは理屈を超えている。優先順位が上がった。

「トップ同士の仲が良かったら、やはりビジネスでは好都合です。米国企業のトップとも同じようにゴルフ時に伝えてもらったら納期が縮みました。ただ語学の問題があるんで、日本はハンディがあると思いましたよ」

　仕入先の顔が見えない以上は、当然ながらトップ同士の関係も希薄になる。少なくともティア1以外の仕入先とも関係を作らねばならない。とくに重要物資だったらなおさらだ。しかしいつもゴルフイベントがあるわけではない。これは仕組みで解決できる。つまりトップとトップが仲良くなるしかけを講じる。

　同じく、さきほどの某重電企業で働いているサプライチェーンマネージャーが面白い話をしてくれた。

「企業によっては、個別の事業懇談会を実施しています。つまり、自社と仕入先のトップが年に一回でもいいから、丁寧に事業戦略をすり合わせる場所を設定するんです。そちらの営業戦略はどうで、こちらの調達戦略はどうだ、とじっくり時間をかける。これは少し前ならバカにされた方法です。人と人とが対面してどうするんだ、データの交換でいいじゃないかと批判されました。しかし、やはりトップ同士が知り合いだと違うんですね。これは日本企業同士だけに限りません。海外企業であってもトップが親密な仲だとまったく違う。だって日本も外国と外交では直に対面するわけでしょう。困ったときのラインがあるかないかは、事業を左右しますね」

このうえで、供給が逼迫した場合などは交渉ルールを作る。

「トップ同士の人間関係ができていると納期交渉時に好影響がありました。こういうルールを決めたんです。まず、担当レベルで交渉する。難しければ、課長が交渉、部長が交渉、部門長、役員、とエスカレートしていくわけですね。そうすると最終的にはトップ交渉で、ケリをつける。ケリがつかないかもしれないけれど、トップが交渉しても難しければ誰がやってもそれ以上は早くならない。ダメなら次の策を考えようと社内がスピードアップしました」

また、「それまで1000個を納品してくれていたとします。それがトップ交渉をすると１１００個になるんですね。だから１００個は余計に入手できるようになります」とのことで、トップ交渉をするとゼロ回答ではないケースが大半だ。多少なりとも量を割り振ってくれるようになる場合が多かったようだ。

なお私はかつて、人間関係を重視するのは時代遅れだと思っていた。メールなどＩＴツールがあれば十分ではないか、わざわざ会いに行ったり、食事したりするなんて、と。しかし現実の社会では、政治の外交でも対面が基本だし、ＩＴだけで完結していない。現在、あらためて企業間の人間関係を見直すべきだろう。

さきの機器装置メーカーの責任者からは「中国人なんてウェットですよ。彼らは人的にも仕入先を巻き込んで調達している」とも聞かされた。かつて人間関係による仕入先の籠絡は日本企業が得意とするところだった。しかし現場レベルでは働き方改革も進み、接待も原則禁止の企業は多い。ウェットな関係を構築できる機会は減っている。

私が二十数年前に仕事を始めたころ、働き方改革もなかったし、残業費が払われないことは恒常的だった。逆に、過剰な接待もあったし、土日に仕入先の担当者の自宅にお邪魔して交渉を重ねて、その後ご家族とともに食事をして泥酔するという〝好機〟にも恵まれた。

しかしこれは、もはや中年男性の思い出話にすぎない。現場レベルでの交流が減っている今、企業のトップや上位層だけでも仕入先との関係構築が急務だ。

提言4：品質を売るのでなく価値の販売を

私には二人の息子がいるが、2020年の春にコロナ禍が始まったとき、長男は小学2年生だった。コロナ禍が思わぬ広がりを見せ、私は本業であるコンサルティングは対面で実施するのが不可能となった。リモート会議を活用できないか試行錯誤と悪戦苦闘を続けながら、季節は夏になり、それまでずっと私は、ほぼ自宅にいた。

すると息子が小学校の友だちと花火大会に行く約束をしたという。花火大会？　息子はディスプレイの前に座り電源をつけ、ニンテンドースイッチ『あつまれ どうぶつの森』の島で待ち合わせしヴァーチャル上の花火大会を楽しみ、「面白かった」と言った。

ささやかな話かもしれない。しかし私は大きな変化を感じずにはおれなかった。ニンテンドースイッチは性能だけを見れば最高スペックのゲーム機とは言い難い。性能は落とし、しかし、誰かと一緒に遊ぶことを売りにする。そこでは実写的な美や機能ではなく、概念的な美や愉悦が優先される。そのとき、細かな機能は議論されない。

浜田雅功さんが司会を務める番組に『芸能人格付けチェック』（朝日放送）がある。高級品と低級品を一流芸能人が味わって真贋《しんがん》の眼を争う番組だ。あれこそ高度資本主義へのもっとも批判的な番組だと私は思う。

すべての商品が平均以上に進化した現代において、誰もが高級と低級、高価と安価を判別し得なくなっている状況を鮮やかに描いている。この高級と高価は日本産業の象徴にほかならない。高級ワインを飲む人たちは、高級ワインを飲むのではなくイメージを飲んでいる。高級バッグと同品質の商品は中国に安価に発注できる。もっともこれは新しい指摘ではない。ソースティン・ヴェブレンが顕示的消費を論じたのははるか前だ。

もちろん、品質の優劣はたしかにある、と反論される。ならば道は二択であるだろう。優良で高価格を訴えていくか、通常品質で通常価格を訴えていくか。いや、この二項対立こそ本文で指摘した罠かもしれない。とすれば、通常品質で高価格をいかに訴えていくかを考えたい。

かつて私は、テスラ車に搭載されている「ドッグモード」を自動車関連企業に招かれた講演で取り上げたことがある。これは飼い犬を車内に残して買い物などができる機能だ。空調をペット最適に調整し、さらにドライバーはすぐに戻るから心配しないようにとディスプレイに表示される。この遊び心こそが訴求するのだ、ここでは原価や品質は重要視されない、と。しかし、さほど共感されなかった。

かつての日本人は電気製品を2年で交換するなど想像もしなかった。現に家電も保証期間をはるかに超えて稼働する。しかしｉＰｈｏｎｅなどのスマートフォンやガジェット類は2年ほどで新モデルに乗り換える。長く使える品質だけが重視されているわけではない。

これから述べるのは、言うは易しで実践するのは難しいとわかっている。しかし重要なのは、「原価に１００円かかってそれに常識的な利益を20円ほど乗せて１２０円で売る」態度ではなく「原価が１００円だか２００円だかは別として価値があるから1万円で売る」度胸ではないだろうか。商品を高値で販売できる実力がつけば、調達で買い負けることもない。

個人的な話をしたい。私が師と仰ぐコンサルタントに相談したときのことだ。私が「どこかに良いコンサルタントはいないでしょうか。最近は外注するにしても単価が上がっていて、なかなか良い人に巡り会いません」と述べると、師は「他よりももっと高く払えばいい」と即答した。

私が「でも、外注費用を上げるなら、サービスの価格を上げないと、割に合いません」

と述べると「サービスの価格は上げればいいだけです。上げたら、その価値に見合う内容を考えればいい。良質な仕事をするためにも、サービスの価格は上げるべきです。あなたは、あなたのサービスを安くしたい顧客と付き合いたいのですか」と詰問された。「コストを抑えようとするのは誰でもできます。安く売るのも誰にでもできます。売価を上げるのが頭を使う仕事です」

私は「それでもサービスが高かったら、誰も受け入れてくれないかもしれない」と反論を試みたが「ならば廃業しかないでしょう。そのサービスは価格でしか勝負できないのですから」といわれた。当時、私は師の発言は冷たすぎるように感じた。しかし、いまは師の発言がよく理解できる。

提言5：OR設計の徹底を

とはいえ、話がやや大きくなりすぎた。もちろん現場レベルでも、やれることはある。

当然だが、買い負ける商品があるいっぽうで、買い負けない商品もある。市場の中には入手しやすい調達品も存在する。たとえば特定の電子部品が他国や他企業に取られても、条件や状況によっては代品を売ってくれる仕入先もあるはずで、それらを買い集めればいい。そして代品を活用できるようにすればいい。

テスラのＩＲ資料（https://ir.tesla.com/）を確認していると、２０２１年第2四半期の「株主デッキ（Shareholder Deck）」に目が留まる。各社ともに半導体不足で苦しんだが、テスラは「我々の開発チームは、半導体不足から引き起こされる製造の問題について対応するために、これまでにない取り組みを開始している。我々のエレキ（電子・電気関連設計）とファームウェア（制御ソフトウェア開発）のチームは、19もの新たなコントローラーを用意し半導体不足に対応するために鋭意、設計や検証に取り組んでいる」というのだ。

これには心から驚いた。というのも、コントローラーのモジュールは通常なら1つずつ設計すればいい。そのバリエーションを19（！）も加えるというのだ。なぜバリエーションを増やす必要があるのか。それは半導体の入手状況によって使い分けるためだ。

Aという半導体を使用するコントローラーしかない場合、その半導体Aが入手困難になってしまうと、コントローラーもそれを組み込むクルマも生産できなくなる。現実に世界中の自動車工場は半導体不足で止まっている。しかし半導体Bならば入手できるかもしれない。その半導体Bを使うコントローラーで同じ機能や性能を得られるならば、クルマの生産は止まらない。そのようなバリエーションを多く持てば、完全ではないにせよ、かなりのリスク軽減になる。何というか、まあ、あまりに大胆不敵な方法だ。テスラの方法は、実行できれば半導体不足を根底から解決する。現在では自動車が採用した半導体は最大で20年ほど調達し続ける必要がある。保守・補修で必要だからだ。しかし20年も経ってしまうと、数世代前の半導体を調達するので、半導体メーカーからすれば生産が滞ってしまう可能性が高い。それをテスラのように自社設計を積極的にするのであれば影響は抑えられる。

同じような解決策を模索する企業は多い。

さきに紹介した計測器メーカーのサプライチェーン統括者も「それは『OR設計』しかないですね」と断言した。「特定の部材に依存せずに、さまざまな部材を活用できる方法です。これまでマルチソース（同一部材を違う仕入先からも調達できる手法）という思想が大半でした。しかし、マルチソースというのは、ある製品とまったく同じものならば他の仕入先から購入しようとする思想なんですね。たいていの場合、それと同じ形状のものしか認めません。ただマルチソースだけではなく、まったく違った形状のものであっても機能が一緒であれば調達できる仕組みがあったほうがいいでしょう。だから、時間とコストをかけて設計をし直しました。具体的には、モジュール単位で特定企業の部材だけではなく、他企業のモジュールも組み込めるようにしました。さらに国の型式認証にも部材を二重登録するようにしました。
当初、設計者は大反対していましたね。『できっこない』と。実際にこれまでやったこともなかった。でも、部材が手に入らないんです。気合と交渉で納品してくれといわれても、ないものはない。生産が止まる。だからトップダウンでなんとかＯＲ設計をしてくれ、と決まった。大変だったでしょうが、やったらできた。いま振り返ると、ＯＲ設計をやっていなかったら倒産していましたよ」

バイクメーカーの調達管理職も危機のなかで代品使用に舵を切った過程を教えてくれた。

「私たちのホームページではお取引先様候補を募集しています。そうすると２０２０年から２０２３年は中国からの問い合わせが増えましたね。半導体が必要だったら売りますよ、と。さらに半導体を間違って大量に在庫していたら、買い戻してもいいですよ、と。つまり、こちらが不足していても余っていても、儲かるような仕組みなんですよ」。このままではカモにされると悟った同社では大胆な方針転換を図った。

「だから私たちはフルモデルチェンジを早め早めに前倒ししました。入手できる半導体をリストアップして、それだけを使うような設計に組み替えました。当初は『入手困難な部材を入手するのが部門の仕事だろう』といわれました。しかし、社内関係部門を説得して、やっと設計を変えてもらえました。これしかなかった」

なお、計測器メーカーのＯＲ設計と、このバイクメーカーでは施策が微妙に異なる。前者が代品も使えるようにしたのにたいして、後者は入手性の良いものを活用している。ただし、共通点は既存を踏襲せずに、ゼロベースで再構築したことだ。柔軟性の徹底によって使用できる調達品の幅が広がる。

また、日本企業は仕入先にも不変を希望していた。しかし、この変える態度は仕入先に伝播させ、積極的によりよい調達品を使えるように正していかねばならない。むしろ、変わり続けることを前提としていく。もはや採算を無視して20年も同じ品を作り続ける企業はなくなっていくのだから。

提言6：コスト評価の徹底を

良品率99％と１００％では必要なコストが変わる。その１％を満たすために必要なコストはいくらで、そのコストが費用対効果として見合っているかを冷静に判断せねばならない。

さきほど紹介したＯＲ設計も同様だ。調達品を変えないことで、どれだけ生産が遅延し収益と利益に影響を及ぼすかを試算せねばならない。面倒だからとか、前例がないからといった理由ではなく、純粋なコスト計算を元にする。もし人員が足りないのであれば、人員を増やす費用対効果があるか試算すればいい。

また調達品の種類が増えていかないように、初期段階からの仕組みも必要だ。日本企業の問題は、調達している製品の種類が多く、かつそれぞれの量が少ない点にあった。とすれば、量を少しでもまとめて対抗するしかない。

そこで問題となるのがコスト評価だ。たとえば何かの製品を設計し、調達品を決める際、汎用品を使わずに、カスタマイズ品を使おう、と設計者が決める。なぜならば、カスタマイズ品だけを見れば高いかもしれないが、カスタマイズすることによって周りの構造物は安価に済む……。だからトータルで見ると安価なのだ、と設計者が提案し、誰もがそれに従う。この比較数字は、極論をいえば、なんとでも表現できる。

これも冷静なコスト評価が必要だ。ただでさえ、日本人は品質にこだわるあまり、カスタマイズ品を使いたがる傾向にあるためだ。

そこで、そもそも周囲を含めてコストを計算したときにほんとうに安価なのか検証する必要がある。例外的に自動車メーカーでは存在するが、ほとんどの企業で検証する第三者部門が存在しない。

カスタマイズ品が増えると、数量がまとまらない。第三者部門はカスタマイズ品を使わないように批判的にコストを計算する。また、カスタマイズ品を使用することで付加価値が向上するかを検証する。第三者部門の設置が難しくても、少なくともカスタマイズ品を使うたびにその頻度を表示するような〝見える化〟の仕組みを作ればいい。

そのカスタマイズ品があるゆえにロスがあるかもしれない。たとえば初期段階では、汎用品とカスタマイズ品の価格はほとんど変わらないかもしれない。しかし、数年後には汎用品が劇的に下落するケースはありうる。

これは長期的な尺度を導入するしかなく、評価が難しいのは事実だ。仮説でもいいので、汎用品がどれだけ安価になるかを予想したうえで、ほんとうにカスタマイズ品を使わねばならないのか検証する。

また、難しかったとしても、経年の結果、汎用品がどれだけ安価になっているかを対比する。そうするとＯＲ設計したほうが良いかの尺度になる。ここでも冷徹なコスト評価が重要だ。

提言7：結果ではなく手法と結果幅の合意を

全員参加主義による日本企業の遅さはどうすればいいのか。中国企業との取引に長年にわたって携わっている産業機械のサプライチェーンマネージャーに聞いた。

「要するに日本企業が買い負けている理由は、世界のなかで日本企業の生産量や調達量が相対的に減っていることにつきます。魅力的な商品を創造しなければならない。でも、それは難しい。とすれば、即断即決で行くしかありません。

これまでは仕入先に中小企業が多かった。だから、買い手が交渉でグズグズしていても付き合ってくれた。でもこれからはそんな時代ではありません。そんなに面倒だったら売りません、と言われる時代です。

海外に交渉に行くでしょう。すると、相手が価格を提示してくる。そのとき日本人は『持ち帰って検討します』と言うんですよ。私から言わせれば、なぜ事前に相手の出方を予想していないのかと思う。欧米企業だったら当然のことですよ。

日本企業でも、相手がこういう条件を提示するかもしれないけど、ここまでだったら合意するよ、とか、この金額以上だったら合意しない、と決めておけばいい。そんな簡単な社内意思統一すらしていないんだから」

日本企業では、海外拠点の現地責任者であっても細かな意思決定を日本本社に仰ぐ。そのていどは現地で決めろよ、という内容すらも現地で決めない。判断の速度が落ちる。ただ、その代わりに誰も海外拠点の失敗を負わなくて済む。皮肉だが、クビになりたくなければ最善の仕組みだ。

さきに紹介した産業機械のサプライチェーンマネージャーに話を戻す。「あらかじめ『目標価格はこれ。でも最低でもこの価格だったら合意しません』と決めたうえで海外企業との交渉にあたればいいんです。もちろん筋書き通りに交渉が進まない場合があります。ただ、そのときには日本の上司に『現地から電話しますから、即決してください』と伝えておけばいい。決断が遅くなるほど、モノの確保はできなくなります。だって先方の営業担当者は個人の裁量の範囲で、即断即決で売っていきます」と現場での経験を語ってくれた。

日本企業は全員野球と称される。しかし全員野球といっても、相手から投げられた球を全員でなんとなく受け止めようとする。事前の明確な合意を避け、なんとなく決めようとする。交渉の決裂も避けたい国民性だ。

しかも日本には根深い〝時間をかけたら諦める病〟がある。その宿痾こそ最後に払拭するべきと強調したい。〝時間をかけたら諦める病〟とは、文字通り〝理屈はないけれど時間を費やしたものは認める〟日本独自の文化だ。

たとえば日本企業の目標は1億円で調達することとする。しかし、海外の仕入先は1億100万円でしか売らないという。日本企業側の担当者は1億円も1億100万円も変わらないだろうと上司に決裁を求める。しかし上司は「もうちょっとなんとか交渉できないか」と部下に粘りを求める。その後、部下が何度も粘り強く交渉を重ねたものの、やはり1億100万円のまま。それでも上司は「それなら仕方がない」と理由なく1億100万円で承認する。

このようなケースは日本人の頑張り精神と評価できなくもない。ただ、これを先のマネージャー氏は強く批判する。「意味がない。もちろん過程を評価するのはわかる。しかし、そもそも根拠のない交渉を時間だけで評価するのは日本の悪い癖。長引かせることを評価するものだから、日本は無意味に交渉を長期化することを是としている」と手厳しい。

そのうえで日本企業に勧めたい方法があるという。

「日本企業では無駄な会議ばかりやっているのだから、それを少しでも廃止して、仕入先との交渉対策に時間を使ってほしい。『こういう交渉材料を用意して、こう交渉します。

合意の幅はいくらからいくら。この範囲内での結果については一任してください』と事前に内部で納得しておけば、かなりの買い負けが減ると思いますよ」

このように、意思決定のスピードアップのために、日本企業には事前に手法と結果幅を合意しておくことを勧めたい。

提言8：リスクを取った行動を

さらに柔軟性のなさが全員納得による多重の承認構造によるものだとしたら、これを変更するしかない。多重の承認が必要なのは誰も責任を取らないようにするためだった。本来ならば組織では権限と責任がセットになっている必要がある。これはパラフレーズだが、権限が全員に薄まっているから、責任も全員に薄まっている。

現在、トップ企業は中央集権的にスピーディーに情報を分析し、企業の進路や商品開発の判断をくだす。成功したら名誉と報酬を。そして失敗したら取締役会や株主から追い出される。だから組織を、リスクを負う少数が指揮系統を担う体制へと再編成せねばならない。

多段階の承認プロセスを見直す。また、いきなり承認プロセスを省略できなかったとしても、緊急時には承認ルートを変更することはありうる。たとえば東日本大震災の際、各企業で緊急時の対策が実施された。その際に、どうしても入手できない調達品があり、代替品であれば入手できそうだった。

　第二章で紹介した通り、通常ならば特別採用依頼書をまわし10人ほどの承認を得る必要がある。ただ一部の企業は、緊急対応として三人の部門管理者だけのサインで次々に採用を決めていった。災害時だから侃々《かんかん》諤々《がくがく》の議論をしている暇はない。

　また社員の決裁権限を緊急時にのみ引き上げた企業もあった。たとえば担当者が20万円までであれば独自判断で不足品を調達できるところ、１００万円にまで上限を変更した。これによりタイミングを逃すことなく市中から調達品を確保できた。

　コロナ禍は震災ではない。ただコロナ禍が引き起こした需要増と供給逼迫も、同じく緊急事態といえた。緊急時には承認プロセスを変更する仕組みを規定しておくのだ。

　しかし緊急時でなければなかなか変われない企業も多いだろう。そこで私が提案したいのは新規事業の利用だ。企業は土台事業だけではなく、事業を作り将来への種まきをしなければならない。土台事業は企業体質として変わらなくても、新規事業だけはまったく別の社内規定をつくる。

　そこでプロセスの簡易化を図り社員一人ひとりに決定権と裁量権を与え、自らの責任で物事を進める訓練をしてもらう。そのいっぽうで、不正防止も重要だから、自らの決定にいたる過程を記録してもらい、他部門がいつでもチェックできるようにし抑制を働かせる。

提言9：横並びを脱する企業戦略を

これまで日本企業の買い負けをテーマに述べてきたが、企業間のトップ交渉でなんとか調達品を確保したあとでも、日本企業は揉める例があった。

やっと1000個の部材が入庫したとする。しかし、その1000個を自社内のどこに割り当てるかが問題になったのだ。割り振りのための会議を何回も繰り返し、さらに遅延した企業があった。

これは企業戦略の欠如を意味する。合理的にやろうとすれば、その1000個は収益と利益、顧客優先順位が高い事業に振り向ければいい。横並びの意識は美しいものの、企業経営においてはより鳥瞰した視点からの戦略が欠かせない。

ところで、ある半導体商社の幹部が教えてくれた話だが、他社が買い負けに甘んじているなか逆利用した企業の存在があったらしい。

「半導体を100倍の価格だろうが200倍の価格だろうが売ってくれ、と依頼する企業がありました。赤字でも生産するというんです」

その理由は、それだけ市況が高くなっていれば他社は手を出さないと思ったためだという。実際に日本企業の多くは半導体の入手に多額を払うことを逡巡していた。社内プロセスの難航や原価の高騰を懸念したためだった。

だからこそその企業は、「100倍でも200倍でも半導体を調達して製品を生産することによって自社だけが顧客に商品を届ければ一気呵成にシェアを伸ばせるに違いない」と戦略的に動いたという。

他社が供給できないのであれば、赤字でも供給してシェアを奪取する。半導体を100倍、200倍で調達しても宣伝広告費としては安いものだ。瞬く間に無数の引き合いがあった。さらにアフターサービスで儲けられるかもしれない。また、新規顧客に入り込んでしまえば、次回の受注を期待できる。

ここにはトータルで収益と利益を確保しようとする明確な企業戦略がある。大半の日本企業が単独製品の収益・利益管理だけしかできなかった姿とは対比的だ。考え方しだいではピンチをチャンスに変換できる。調達品の費用対効果を考える際に参考になるエピソードだ。

通常、原価は材料費、労務費、外注費、調達費として管理される。収益とは別物だ。もし材料費や調達費が高くなったら原価アップとして認識されるのみだ。ただし原価アップによって早期に入手できれば、短期的・中長期的にはそれを上回る収益と利益が実現するかもしれない。そのためには企業戦略の練り直しが必須だ。

提言10：自己を否定し新たなビジネスモデルを

そして業界横並びで類似品を売り続けなくてもいい。

19世紀のゴールドラッシュが米国カリフォルニアで起きた際に、もっとも儲かったのは金を掘りに来た挑戦者ではなかった。ツルハシを貸したり作業着を売ったり、鉄道を敷いた業者たちだった。作業着を売った業者はその後にリーバイスとなる。「金を掘るな、ツルハシを貸せ」はきわめて重要な教訓だ。流行が生じたときに、流行に乗るのではなく、流行をサポートせよ、と。

成功したビジネスモデルを見ると、類型が過去から繰り返されている。たとえば1680年にエドワード・ロイドは英国で喫茶店を始めた。そのうち金融業者のたまり場になったため、ロイドは船舶情報をまとめ、さらに港に通信員を配置しニュースを配布した。

当時の金融業者にとって湾岸での出来事は市況や企業に影響を与える要因だった。さらにロイドは業者をつなげる形で保険の仕組みをつくった。これがロイズ・オブ・ロンドンの起源だ。保険市場の始まりであり、世界最大の保険会社の起点だった。

ここでも人が集まる場所で、人びとと同じビジネスをするのではなく、そのサポート＝ツルハシを貸すことの重要性が表れている。

これを応用したらどうなるだろうか。私はコンサルティングで接する企業にツルハシを貸したらどうですか、と提言している。あまり真面目に提言していないためだろうか。真剣に受け取ってもらえない。

日本では細やかな生産管理や品質管理、調達管理を行っている。それはノウハウの塊だ。だから、そのノウハウを社外に販売すればいい。現場担当者は現場兼コンサルタントとして海外企業などに出向いて指導するのだ。指導する過程で人材育成も可能だ。おそらくそこらへんのコンサルタントよりも現場の実情を理解する部隊が出来上がる。人材のキャリアアップにもなるし新規事業も立ち上がる。自社で成功体験を積み、それを外販すれば二度は美味しい。

さらに外販によって得た知見を自社にフィードバックすることもできるはずだ。もちろん機密情報の漏洩はご法度だ。しかし、汎用的で再現性のある技術は、そのまま朽ちてしまったらもったいない。

他にも利益の源泉があり潤沢な資金があれば、買いで負けることはない。そのためにも付加価値をつけた商品の開発が欠かせない。

第三章で日本企業の歴史を辿った。そこでふたたび注目したいのは、日本がオイルショック後の経済危機時に注目を集めた点だ。オイルショックの状況を、労働者と経営側との蜜月関係、そして蜜月ゆえに成し遂げられた生産の徹底的な効率化、ならびに長期雇用を前提とした長期視野経営によって乗り越えた——。この東アジアで生じた労働・経営形態が、ある意味では世界にとって特殊に映った。

本田技研工業（本田技術研究所）の本田宗一郎や藤沢武夫、ソニー（東京通信工業）の井深大や盛田昭夫、パナソニックホールディングス（松下電気器具製作所、松下電器製作所、松下電器産業）の松下幸之助など高度成長期の有名起業家は、いまだに発言録等が社員や起業家に読みつがれ精神的支柱になっている。

面白いのは、有名な起業家の興した事業の多くがＢtoＣ（消費者向け）だったことだろう。というのも、かつてＧＤＰのうち個人消費の支出が大半だった。現代でもＧＤＰの多くを占めるのは個人消費、民間設備投資となっているが、かつては個人消費が圧倒的に多かった。つまりかつて成功した企業は、まずはベンチャー企業として市場に乗り込み、個人消費の多さに乗じてビジネスを拡大してきたのだ。

ここに現代への学びがあるように感じる。なぜ日本ではベンチャー企業が、新たな市場を開拓できたのか。大企業はその時代にもあったのだから、大企業が果敢に市場を開拓すればいい。しかし、そうはならなかった。現代でいう労働争議（当時の「労働攻勢」）がさかんだったなどの理由はあるものの、大企業の多くは既存商品を大切にし、その品質向上に注力していた。

これは後年「イノベーションのジレンマ」として説明される。企業は自らが生み出したビジネスモデルが優良なほど、それを否定するような新規事業を生めなくなってしまう。戦後の高度成長期には無数の起業家が新規参入し、かつ無数の試行錯誤がなされ、そのなかから既存の大企業を出し抜く存在に躍り出たのが、先の本田技研でありソニーでありパナソニックだった。

動きが遅く、既存モデルにがんじがらめになっている状況を打破したのは、以前からスモールだがスマートなベンチャー企業群だった。だから、人材の流動化を図り、挑戦するベンチャー企業の流入が欠かせない。

提言11：人材の流動化と賃上げを

そこで人材の流動化を進める施策が重要だ。そして、それに伴って賃上げを実現させる。労働者は一人の消費者だ。消費者が高くても買ってくれるならば、それに対応して企業も高く仕入れることができる。日本での商品の価格帯を国際レベルに近づけねばならない。国内だけでいえば、賃金が上がっていないから安ければ安いほど消費者は喜ぶ。しかし、その原材料は外国から輸入している。日本経済が強くなければ、そもそも仕入れられない。

ではどうすればいいか。これは企業の範囲を超え、国の仕事ではあるものの、いくつか提言したい。

一つ目。会社員と話していて気づくが、会社に長くいるほど退職金で優遇されるため、ずっと会社にいようとする人が多い。退職金は優遇される。他の所得とは分離課税だ。収入金から勤続年数に応じた所得控除があるため、税金を軽減できる。この優遇措置をなくすか減らせば人材の流動化が進むだろう。

二つ目。転職者への所得税優遇措置。たとえば転職した人は数年間は所得税がゼロになるとする。これは転職をためらっている人へのインセンティブになるだろう。私は個人的に日本トップクラスのヘッドハンターと知り合いだが、いわく「他のアジアの国は求人が少ないが、優秀な人はマーケットに存在する。日本は求人が多いが、優秀な人がマーケットにいない状態」だ。優秀な人が転職しようとする動機があまりない。そこに税制的な優遇によりインセンティブを与えるのだ。

このように流動化が進めば、優秀な人材が有望な産業に流れていくし、その過程で賃金も上昇せざるをえない。

三つ目。学習を続けるという健全な社会を作る。いくつかの調査で明らかになっている通り、国際比較をすると日本人は勤務先以外での学習や自己啓発をする時間が圧倒的に少ない。家庭では子どもに「勉強しなさい」と言っている親自身が学んでいない。

そこで広く学習の税金控除を認めるべきだろう。たとえば現制度では、在職中にＭＢＡ（経営学修士）が現在の職務に直接的に必要だと会社が認めた場合に証明書を出すことで特別支出控除が使える。しかし証明書を会社に書かせるのは難しいと私は思う。ただし、現在の仕事に直結しない学習こそが将来に花を開かせるかもしれないため積極的に控除を認めてほしい。また、専門実践教育訓練給付金の対象も拡大していい。

それらの控除で減る税金などたいしたことはない。さらに学習者が仕事で生産性を上げれば収入が増え、その分の所得税で賄える。もし不正があったら追徴課税を重く掛けてもいい。非資源国家の日本は国民の頭脳しか残っていない。

以前「Windows2000」なる単語を聞いた。これはオペレーティング・システムではなく「窓際なのに年収２０００万円のおじさま」の意味らしい。さすがに通常の企業では２０００万円はもらえないだろうが「Windows95」（９５０万円）くらいはあるかもしれない。日本企業では、組織に長くいることが年功序列で賃金が上がる前提だったから、社会人が学ばないのかもしれない。ただ、働く量やスキルや技能によって年収が変わるのは当然といえる。

人材の流動化によって、個々に意識が芽生え、学習欲も上がるのは健全だ。

私が新卒で勤務した企業から離れて転職しようとしたとき、「転職は殺人と同じ」といわれた。最初はためらうが、一度やったら何度もやってしまう意味らしい。なるほどその通りで、私は二回の転職を経験した。二人の殺人と同じなのだろうか。そんなわけはない。ただし、その二回の転職で必死に学んだ。その二回を経なかったら私はいまの仕事をしていなかったはずだ。

現在は「リスキリング（スキルの再習得）」なる単語が流行している。再習得の対象としてＩＴに偏っている言説が気になる。営業、生産現場、マネジメントなどさまざまなスキルがある。自らの素質と希望にマッチしたスキルを磨き成長するのがふさわしく、働く成果に応じた報酬を得る健全な社会実現が重要だろう。

提言12：外国人材にも学びの場を

最後に。少子高齢化の日本では若い国際人材に集まってもらわねばならない。人材を「買い負け」すると国際競争力が低下する。技能実習生であれ、高度人材であれ、人材不足の多くは賃金水準の低さによると書いた。前節まで述べたように、流動化や産業の成長によって賃金が上がれば、あるていどは解決するだろう。

しかし、私は技能実習生へ学びの場を提供する重要性を書いておきたい。

ある調査によれば、技能実習生が日本に来た理由としては「お金を稼ぐ・仕送り（送金）のため（48・0％）」がもっとも多い。これは前述のベトナム人幹部が言った通りだ。技能を磨くのが一番ではない事実は、技能実習制度の根本に疑問を投げかける。ただ、「勉強のため（2・2％）」「スキルの獲得・将来のキャリア向上のため（42・1％）」とあり、双方を合算すると拮抗する。

おそらく関係者は誰でも知っているように、技能「実習」生といいながら実際には単純作業に従事し、とくに何も学んでいない。現実、ベトナムなどの外国人技能実習生は帰国後、稼いだ金で両親に家を建てたあとに飲食店などを始める。日本の工場で経験した作業との連続性はない。誰でもできる仕事を重ねただけなので、持ち帰る技能がないためだ。

ところで、私がコロナ禍前に、ベトナムで日本に受け入れる技能実習生の面接を手伝った際の話だ。日本企業は製造現場で働いてくれる技能実習生を求めていた。

ベトナムの若者8人のなかから、選抜するのは二人。彼らは数か月の日本語教育を経て、自己紹介をし、そして日本での夢を語る。たどたどしい日本語で、語る内容はそれほど高度ではない。日本で技能を身につけ、そして帰国してやりたいことを述べる。

ほとんどの受験者は型通りの受け答えをする。「必死で頑張る」「親も応援してくれている」「真面目なのが取り柄です」「技術を身につけて帰りたい」。テンプレートに飽きた私が「ほんとうはベトナムに帰ったら飲食店でもやりたいんじゃないですか」と質問をすると「はい、そうです」など笑えるやりとりもあったが、その真摯さは印象に残った。

その中の一人はさらに印象的だった。「帰国したら、自動車関連企業を興したい」と語ったので、私が「じゃあ、預金の使いみちは」と訊いた。すると彼は「アマダのベンディングマシンを買う」といい、その意外な答えに驚いた私は、「どれを買いたいか教えてください」と訊いた。

思えば少し意地悪な質問だったのかもしれない。しかし彼は隣にあったパソコンでそれを調べて私たちに見せてくれた。その後、「3年働いたお金でこれを買います」。そして、いくらで買えるはずだ、と述べた。私は奇妙なほど感心してしまった。

もちろん彼をベトナムの若者代表として描くことはできない。ただ、ベトナムを彼のような若者が支えていき、そして、試行錯誤のなかから自動車のサプライチェーンに介在する企業群が生まれるかもしれない、と予想するのは自然だった。

近年、日本においてベトナム人の犯罪が急増しているのは知っている。さらに犯罪とまではいかなくても不真面目な人材がいるのも知っている。しかし、それでもなお――、彼のような希望にあふれた人たちが日本に来てくれているのだという思いを捨てきれずにいる。ベトナムに限らず、大半の技能実習生たちは熱心に仕事に取り組んでいるのだろう。

そこで技能実習生が担う現実とのギャップに戸惑う。私は基本的に技能実習生の名のもとに単純作業者を受け入れる策については賛成していない。制度を継続するにしても、より待遇の改善が求められるだろう。

ただ、一企業としてできることはないか。

先に登場してくれた外国人労働者・技能実習生の雇用・受け入れのコンサルタントに登場してもらう。氏いわく、優れた事例もあるという。

「私の顧問先で長野の精密機器で使う金型を作製している会社があります。そこではベトナムからの技能実習生は大変に高いレベルの技術を求められます。しかし、身につけられる技能は本物です」

ハラスメントはご法度として、仕事面で容易な仕事ばかりを任せる必要はない。成長のために厳しく指導しても、技能を身につけてもらうのが本来の目的だからだ。

さらに「日本人とベトナム人が交流できる職場になっています。外国にやってきて、その国の友だちが一人もできないなんておかしいでしょう。しかも高い報酬を払っている」。これは慈善事業ではない。自社のためだ。「なぜならば、ベトナム人同士の口コミで広がって、次々とベトナム人の志願者が応募してくるんですよ。採用のコストも下がります。真面目にやって報われれば、同じくらい熱量のあるベトナム人を紹介してくれる」

ここには短期的ではなく、中長期的に自社の利益になる計算が働いている。これが日本人本来の中長期的思考なのではないだろうか。

彼らが帰国後に金型事業でも始めれば、日本の受け入れ企業との関係が継続し、さらには日本とベトナムの大きな架け橋になる可能性がある。新たな仕入先も開拓できる。私は優れた事例と紹介したが、そもそも技能実習制度とは、このような事例が当然ではないだろうか。

本書の主旨から離れるが、日本の安全保障を考えるにベトナムは今後の貴重なパートナーになるはずだ。ベトナムは中国にも米国にも戦争で勝利を収めた稀有な国でもある。将来、ベトナム国民のなかに日本ファンがいるかいないかで、日本との連携に対する同国の世論はおそらく変わる。日本で苦悩の思いを重ねた人たちと、感謝の念を抱く人たちと、どちらが多いほうが良いかは白明だ。

「買い負け」ならぬ「買い勝ち」なる単語はない。「買い勝ち」は経済力と購買量さえあれば達成できると考えられるためだ。しかし人材は日本の技術をもってすれば、まだ「買い勝ち」できる領域が残っている。さらにそれは自社の利益にもつながる。

もし新たな国際貢献があるとしたら――、私はそのような形でしか、もはや想像ができない。

おわりに

日本経済の停滞、あるいは没落——「買い負け」はそれが表出した一つの事象だろう——がメディアに取り上げられるようになって久しい。物価と賃金が上がらず、GDPは世界3位に安住するどころか、多くの国に抜かれようとしている。

その理由は何か。そして日本企業が魅力を失っていった背景は何か。各論者は日本の敗残を、経済政策の効果など各種データから解説している。おそらくそれは正しいだろうが、同時に違和感を禁じ得なかった。私が日ごろ接している現場から見える光景とはだいぶ違ったからだ。それなら自分なりに、現場でのむき出しの〝生〟を描く価値があるのではないか。これが本書を著した理由だった。

私が未来調達研究所なる会社を知人らと設立して11年が経った。同社は会社名の単語通り、企業の調達やサプライチェーンを支援するコンサルティング会社で、本書の内容や思索の多くは同社を通じた現場での経験に拠っている。本書を発表したのは、現場で感じたケースが多い。ただ、私はその双方とも称したことはない。経営を評論するだけで生活費は稼げないし、学術的なジャーナルに投稿した経験もない。私はコンサルタントとして現場でのたうちまわっている、一人の実践者にすぎない。

ジャーナリストであれば、取材先を固有名詞で書くのが筋であろうが、私は現場から声を上げる人たちを匿名のまま記しておいた。しかし、その分、現場の生々しい声を伝えられたのではないかと思う。もちろん、記述に不正確さがあれば責任は私にある。

学者は現場へのアンケートやヒアリングなどで現状を明らかにしようとする。私は、さらに現場で生身の一人ひとりと交流を重ね、ときには酒を酌み交わしながら、刹那の付き合いではない長期的な人間関係を構築しながら、これまでに明らかにされなかった現状をつまびらかにしようとした。

その反面で、現場に寄り添いすぎる観点や思考になったかもしれず、それは否定しない。ただし、統計だけを主とする日本企業論とはまったく違った側面から現状をえぐり出したのだとすれば、その一点に本書の価値を感じる。そして、その価値がどの程度のものかは読者にゆだねるほかない。

* * *

私は２０１１年に『大震災のとき！』（日刊工業新聞社）を著した。同書は、東日本大震災が起きた後、日本企業のサプライチェーン部門がいかに生産復旧に関わったか、その過程と教訓、課題を記したものだ。もう干支の一回り分、12年も前になる。このときにも多くの関係者にヒアリングしたり実地調査をしたりした。

私たち日本人がリスクというとき思い浮かぶのは自然災害だ。そして日本企業は自然災害のみをリスクとして扱ってきた。

これまで日本企業のサプライチェーン部門とリスクについて対話するとき、昨今話題の台湾有事や、ロシアのウクライナ侵攻以前には国家間の衝突はほぼ俎上《そじょう》に載せられなかった。

古くはマキャベリが、そしてカール・シュミットが論じた国民国家間の衝突について、日本企業にリアリズムはなかった。私たちの関心は自然のなかで神がもたらす災害であり、予想不能な厄だった。日本人のリスクは、むしろウルリヒ・ベックが『危険社会』で論じた内容に近い。氏は、リスクが人類の知覚能力を超えたところにあると指摘し、その知覚のできなさゆえに人々が不安になるとした。

　国民国家の戦争ではなく、知覚不能な自然災害。関心をもってきた自然災害への日本企業の対応力は高いといえた。凄惨な状況になっても、自分たちの努力しだいでなんとかしようと復旧にひたすら注力してきた。東日本大震災だけではなく日本は毎年のように豪雨、地震などの自然災害に襲われており、その対応は早い。諸外国からもその復旧の早さが注目されたほどだ。

　たとえば、東日本大震災で被災した半導体工場は被災からたった一か月で復旧し、世界の関係者が驚愕した。崩壊しズタズタになった製造ラインが、これだけの短期間で元に戻った例は他にない。そのとき、日本企業の多くがその半導体工場に集結し、感動的といえるほどの連帯・紐帯《ちゅうたい》が実現した。

　企業の枠を超え、しかも、誰もが泊りがけで生産の復旧に取り組んだ。さらには霞が関では経済産業省もライン復旧のために日本中のメーカーに協力を依頼した。まさにオール・ジャパンでの産業復旧策だった。日本は良くも悪くも、国民が一つの方向を向くときに団結力を示す。

しかし、これが外国との関係性においては、ムラの掟が使えないためか騅逝《すいゆ》かない。もしかすると日本は国家間の争い――すなわちそれはマキャベリやカール・シュミットが語ったような国家間の闘争――に慣れておらず、後塵を拝するのではないか。現代では地政学的な問題が浮上している。それは外国企業との競争が激しくなった日本が経済的に没落していく理由や原因なのではないか。これが本書を執筆する以前の仮説だった。本書で描いてきたのは、ピラミッド構造、日本企業群の文化形態など、かつての日本企業の成功モデルが行き詰まりを迎えている態様だ。

本書で、他国の企業は「なんでもやる」と、その狡猾さを紹介したいっぽうで、日本企業は昔のやり方に拘泥しているように見える。戦後からの復興と高度成長期で、日本的な文化と経済が奇跡的な紐帯を成立させたのは偶然だったともいえる。

ただ時代が変われば企業体も変化するべきだ。本書では日本企業への処方箋も提言として記した。おそらく違和感や異論をもつ人がいよう。ではどう変わるべきなのか。その問いこそを企業変革のきっかけにしてほしいと願ってやまない。

＊　＊　＊

ところで、前述の通り、日々の仕事で私は多くの職業人たちと触れ合っている。多くは会議だったり、ヒアリングだったり、報告会だったりする。それらの場で本書の元となる生の発言を拾い上げたと述べた。

興味深いのは、本書で紹介した発言の少なからぬ部分が本題の終了後に教えてもらった点だ。「ありがとうございました。これで終了です」と私が言ったあと、弛緩したタイミングで雑談のように重要な発言が出てくる。

「あ、そういえば」。このような感じで、それまで引き出せなかった話を聞かせてもらえた。そんなときほど私は話者から個を感じた。組織人の殻を被った状態では経営者に忖度《そんたく》して言えなかった組織の問題点や隠れた課題を教えてくれた。

私は彼らや彼女らの目と心のなかをのぞきたい衝動に駆られた。きっとそこには皮相的な事象ではなく、日本企業の絶望的な行き詰まりの本質と、そして彼らや彼女らが秘める解決案が発見されるはずだった。私は、その結晶を信じて対話を重ねた。結晶は小さいかもしれないが、たしかに輝いていた。

会社員を続けていると、入社1年目より10年目、10年目より30年目のほうが企業の問題を見抜けると錯覚に陥る。しかし自分の経験を思い出してみればいい。組織に入って最初に抱いた違和感が本質的である可能性は高い。ゆえに今回はさまざまな階層の方々に話を聞いた。

彼ら彼女らは話せば話すほど自社の救いなき状態に落ち込み、衰弱にいたたまれなかったためか、ため息とともに苦痛の響きを聞かせてくれた。そして同時に、その状況から抜け出したい衝動を覚えていた。そのとき私は、できるだけ打開策を訊くように努めた。そして彼ら彼女らからは企業の広報情報ではない、もっと現場と距離の短い希望の言葉を聞くことができた。彼ら彼女らの目はたしかに組織の役割を破って光っていた。彼ら彼女らは私の前で、何を考え、私の先に何を見つめていたのだろう。

私たちは漂流している。失われた30年のなかずっと不安と闘っている。私たちは日本企業の体質と文化を温存しながら、なんとか輝きを取り戻そうと莫大な努力と費用を捧げてきたが、徒労におわった。これまでも日本企業を憂う声はあったが、その声を現在では内臓のように感じている。これまで繰り返された日本企業の改革宣言は、その喧伝とは裏腹に既存踏襲に病み、そして弱い。その弱さを糊塗するように、日本企業は自らの成功パターンの模倣に逃げてきた。

私たちは耐えること、感情を抑制すること、悲しみを表現せず気丈に振る舞うことを〝美〟と置き換えてきた。一人ひとりは「おかしい」と思いながら、声を上げずにいた。日本企業は組織の全員参加を要求してきたのに、構成員一人ひとりの意見を集約も反映もできていない。

日本企業は全員参加の文化を通じて、ＱＣサークル等のＰＤＣＡ（Plan, Do, Check, Action）の文化を築いてきた。おかしなところは全員で見直し、よりよい姿を実現していくのが日本流のＰＤＣＡだ。私たちは仕事を通じて、企業とは何か、社会に求められていることは何かを問い、存在意義を知る。そして旧来の方法を疑い改善を図る。しかし日本企業が停滞するなか、そのＰＤＣＡが発揮されず旧来の方法にしがみついたのは大きな皮肉である。

かつての成長と現在の没落。その現状を見つめ、芽吹くための冷静な施策とＰＤＣＡを練ることこそが、もともと日本の得意とする姿勢ではないのか。

これまで30年の停滞は哀しいことで、さらに停滞が継続すれば浮かばれない。日本企業が停滞する理由を見出し、成長につなげるならば過去は意味をもつ。悲哀を輝かしい将来へ連れていってくれる艶とするならば、私たちの過去の失敗は報われるかもしれない。

＊　＊　＊

自国企業の危機と失敗を描く書籍はあふれているが、それは悲しみの貧しい紛らわしにすぎない。本書は、日本企業の問題を指摘しつつも、未来にたいする提言に収束させようと記していった。「買い負け」を通じて日本企業の体質を明らかにしつつ、問題の打破をねらった。

現場のささやかな事象を愛撫することで、将来に向けた課題の解決を図る。本書はこの手法を試行する壮大な実験だった。この試みが少しでも読者の刺激になると私はうれしい。

最後に。私は書籍という公的な場で私的なお礼を語るのを好まない。しかし彼ら彼女らがいなければ本書が存在しなかった意味で特権的な謝辞を述べたい。まずは私の依頼に応じて、さまざまな現場で失礼とも思える質問に答えてくれた現場の方々。無数の方々に話を聞いたが、読者からも現場発の問題意識を聞かせてもらえればありがたい。

また幻冬舎の竹村優子さんには、企画から執筆のアドバイスまでご支援いただいた。私がはじめて竹村さんと作ったのが『牛丼一杯の儲けは9円』（幻冬舎新書）で、そこから15年が経った。同書はサブタイトルが〈「利益」と「仕入れ」の仁義なき経済学〉で、文字通り仕入れにまつわる闘いを描いたが、15年後に「買い負け」と日本企業の凋落をテーマに書くとは思わなかった。

ビジネスパーソンは現地点に満足せず、現状維持に抵抗し続けながら、よりよい姿を模索していかねばならない。本書がその一助になることを願って。

2023年4月

坂口孝則

主要参考文献

第一章

半導体

・AlixPartners「SHORTAGES RELATED TO SEMICONDUCTORS TO COST THE AUTO INDUSTRY $210 BILLION IN REVENUES THIS YEAR, SAYS NEW ALIXPARTNERS FORECAST」(2021)
・経済産業省「経済産業省生産動態統計(時系列表)」
・UNCTADstat「United Nations」
・「週刊ダイヤモンド 2023年2/25号」ダイヤモンド社
・長内厚・神吉直人(編)「台湾エレクトロニクス産業のものづくり:台湾ハイテク産業の組織的特徴から考える日本の針路」白桃書房(2014)
・岸本千佳司「台湾半導体企業の競争戦略――戦略の進化と能力構築」日本評論社(2017)
・「Biden joins CEO Summit on supply chains」Fox News(2021)
・THE WHITE HOUSE「Readout of Biden Administration Convening to Discuss and Address Semiconductor Supply Chain」(2021)
・TSMC「TSMC Announces Updates for TSMC Arizona」(2022)
・経済産業省「梶山経済産業大臣の閣議後記者会見の概要」(2021)
・クリス・ミラー(著)、千葉敏生(訳)「半導体戦争 世界最重要テクノロジーをめぐる国家間の攻防」ダイヤモンド社(2023)
・太田泰彦「2030 半導体の地政学 戦略物資を支配するのは誰か」日本経済新聞出版; New版(2021)
・牧本次生「日本半導体 復権への道」筑摩書房(2021)
・IHS Markit「2021年車載半導体不足への対処」(2021)
・経済産業省「自動車サプライチェーンの強靱化に向けた取組」(2022)
・内閣府「半導体供給制約の生産への影響について」(2022)
・TSMC「2022 Q4 Management Report」
・TSMC「2022 Q3 Management Report」
・TSMC「2022 Q2 Management Report」
・TSMC「2022 Q1 Management Report」
・TSMC「2021 Q4 Management Report」
・TSMC「2021 Q3 Management Report」
・TSMC「2021 Q2 Management Report」
・TSMC「2021 Q1 Management Report」
・TSMC「2020 Q4 Management Report」

・TSMC「2020 Q3 Management Report」
・TSMC「2020 Q2 Management Report」
・TSMC「2020 Q1 Management Report」

木材

・「日経アーキテクチュア2022年4月14日号」日経BP
・梶谷仮訳「ロシア及びベラルーシからの木材は『紛争木材』第2弾」SGEC/PEFC ジャパン(2022)
・日本経済新聞「合板、中国産に揺れる」日本経済新聞社(2022/11/30)
・読売新聞「国産木材、復権チャンス」読売新聞社(2023/1/30)
・林野庁「令和3年(2021年)木材需給表」(2022)
・林野庁「令和3年度 森林及び林業の動向 令和4年度 森林及び林業施策」(2022)

貿易船

・神戸新聞「高潮被害の神戸港コンテナターミナル 航路維持へ復旧に全力 残る2カ所 再開急ぐ 台風21号から2週間」神戸新聞社(2018/9/19)
・山口裕之「北米航路(定期コンテナ船)の寄港数が減り続ける日本の港湾」(2021)
・国土交通省港湾局「世界の港湾別コンテナ取扱個数ランキング」(2021)
・日本経済新聞「日本、港湾の競争力低下 コンテナ船の寄港20年で最低」日本経済新聞社(2022/8/27)
・朝元照雄「コロナ禍下の“勝ち組”:エバーグリーンの年末ボーナスは平均40カ月」国際貿易投資研究所(2022)
・黄琮淵「前3季海賺3千億元 獲利提前超車去年 長榮海運年終獎金挑戰60個月」中國時報(2022)
・建設通信新聞「建設論評・劣っているインフラ」日刊建設通信新聞社(2022/3/23)
・国土交通省「港湾・海運を取り巻く状況」(2023)
・国土交通省「国際コンテナ戦略港湾政策について」(2021)
・海事プレス社「21年の基幹航路数は減少」(2022)
・国土交通省「国際コンテナ戦略港湾政策について」(2022)

LNG(液化天然ガス)

・中部電力株式会社、静岡ガス株式会社「カタールガスからのLNG購入に関する契約の締結について」(2011)
・BP「Statistical Review of World Energy」
・経済産業省「萩生田経済産業大臣の閣議後記者会見の概要」(2021)
・日本経済新聞「シノペックなど中国勢、LNG長期契約急増 影響力増す」日本経済新聞社(2023/1/23)
・NHK「LNGクライシス 日本の液化天然ガス調達はどうなる?」(2022)

・小山堅、渡部恒雄、竹内純子、西村康稔、本橋恵一、西村健佑、向山真佑「中央公論ダイジェスト 勝者なきエネルギー戦争」中央公論新社(2022)
・小森吾一「ロシア・プーチン政権のエネルギー政策(前編)」IEEJ:国際動向(2002)
・東京ガス株式会社「LNG導入と挑戦の軌跡 半世紀の取り組みとカーボンニュートラルへの挑戦」(2022)
・経済産業省「第48回総合資源エネルギー調査会 基本政策分科会」(2021)
・資源エネルギー庁「2030年度におけるエネルギー需給の見通し(関連資料)」(2021)
・資源エネルギー庁「結果概要【2021年度分】」(2022)
・The LNG industry「GIIGNL Annual Report」(2022)

食料

・農林水産省「漁業・養殖業生産統計」
・財務省「貿易統計」
・日本経済新聞「『もうカニは買えない』円安が生む二重価格 安いニッポン・ガラパゴスの転機(2)」日本経済新聞社(2021/6/23)
・産経新聞「【主権回復】第5部 日本復活への未来(2)輸入頼み 試練の食料安保」産経新聞社(2022/11/9)
・日本経済新聞「羊肉、輸入価格4割高 米中の需要で日本『買い負け』も」日本経済新聞社(2021/12/13)
・毎日新聞「魚粉高騰、養殖ピンチ 円安、買い負け代替餌に活路」毎日新聞社(2022/10/22)
・水産庁「養殖業体質強化緊急総合対策事業」(2023)
・農林水産省「モロッコを訪問し、りん安の安定供給を働きかけました」(2022)
・農林水産省「その11:小麦の自給率」
・農林水産省「特集1 新たな食料・農業・農村基本計画」(2020)
・農林水産省「食料・農業・農村をめぐる情勢の変化(人口減少下における担い手の確保)」(2022)
・東京商工リサーチ「『農業』の倒産が急増、20年間で最多ペース〜2022年(1-11月)『農業の倒産動向』調査〜」(2022)
・日本農業新聞「[論説] 中国の養豚拡大 日本の飼料輸入に警鐘」日本農業新聞(2022/5/31)
・鈴木宣弘「世界で最初に飢えるのは日本 食の安全保障をどう守るか」講談社(2022)
・柴田明夫「世界の穀物需給と今後の見通し」株式会社資源・食糧問題研究所(2023)
・水産庁「第4章 水産業をめぐる国際情勢」(2021)
・農林水産省「穀物等の国際価格の動向」(2023)
・農林水産省「我が国の食料・農業をめぐる状況」(2022)
・山下一仁「WTO 農業協定の問題点と交渉の現状・展望ーウルグァイ・ラウンド交渉

参加者の視点－」独立行政法人経済産業研究所(2005)
・ちくさんクラブ21「拡大する中国の牛肉市場」全国農業協同組合連合会(2022)

労働力

・経済産業省「責任あるサプライチェーン等における人権尊重のためのガイドライン」(2022)
・出入国在留管理庁「技能実習生の失踪者数の推移(平成25年～令和4年上半期)」(2022)
・独立行政法人日本貿易振興機構「投資コスト比較」
・日本経済新聞「シンガポール、滞在5年の長期ビザ　要件は月収300万円」日本経済新聞社(2022/9/1)
・日本経済新聞「テレワーカー、国境越え獲得競う　日本の大手は導入遅れ」日本経済新聞社(2022/12/11)
・厚生労働省「『外国人雇用状況』の届出状況表一覧」(2021)

第二章

・世界銀行「『DataBank』GDP(current US$)」
・農業共済新聞「基本法見直しへ　取り巻く状況の変化／(1)様変わりする食市場(2022年10月2週号)」全国農業共済協会(2022)
・内閣府「令和4年度　年次経済財政報告　第3-1-3図　設備投資の国際比較」(2022)
・公益財団法人　国際通貨研究所「IIMA-GMVI・購買力平価」
・財務省「法人企業統計調査」
・財務省「貿易統計」
・内閣府「国民経済計算」
・遠藤誉「『中国製造2025』の衝撃　習近平はいま何を目論んでいるのか」PHP研究所(2018)
・ウィリアム・C・ハンナス、ジェームズ・マルヴィノン、アンナ・B・プイージ(著)、玉置悟(訳)「中国の産業スパイ網：世界の先進技術や軍事技術はこうして漁られている」草思社(2020)
・湯之上隆「日本型モノづくりの敗北　零戦・半導体・テレビ」文藝春秋 (2013)

第三章

・桂幹「日本の電機産業はなぜ凋落したのか　体験的考察から見えた五つの大罪」集英社(2023)
・小室直樹「【新装版】危機の構造――日本社会崩壊のモデル」ダイヤモンド社(2022)
・坂本雅子「空洞化と属国化－日本経済グローバル化の顛末」新日本出版社(2017)
・林廣茂「日本経営哲学史――特殊性と普遍性の統合」筑摩書房(2019)
・下谷政弘「日本の系列と企業グループ－その歴史と理論」有斐閣(1993)

・橘川武郎「ゼロからわかる日本経営史」日本経済新聞出版社（2018）
・ジェームス・C・アベグレン（著）、山岡洋一（訳）「新・日本の経営」日本経済新聞社（2004）
・ジェームス・C・アベグレン（著）、山岡洋一（訳）「日本の経営＜新訳版＞」日経BP（2004）
・山本七平「日本型組織 存続の条件」さくら舎（2020）
・村木厚子「日本型組織の病を考える」KADOKAWA（2018）
・エズラ・F・ヴォーゲル（著）、広中和歌子・木本彰子（訳）「新版 ジャパンアズナンバーワン」CCCメディアハウス（2017）
・NHK「NHKアーカイブス『労働攻勢各産業にひろがる』」（1950）
・石見徹「日本経済 衰退の構図」東京大学出版会（2021）
・弘兼憲史「島耕作シリーズ」講談社

第四章

・渡瀬裕哉「税金下げろ、規制をなくせ 日本経済復活の処方箋」光文社（2020）
・出入国在留管理庁「令和3年度 在留外国人に対する基礎調査報告書」（2022）
・クレイトン・クリステンセン（著）、玉田俊平太（監修）「イノベーションのジレンマ 増補改訂版」翔泳社（2001）
・野口悠紀雄「ゴールドラッシュの『超』ビジネスモデル」新潮社（2005）
・TESLA「Q2 2021 Update」（2021）

おわりに

・ウルリヒ・ベック（著）、東廉・伊藤美登里（訳）「危険社会：新しい近代への道」法政大学出版局（1998）
・購買ネットワーク会（著）、坂口孝則・牧野直哉（編）「大震災のとき！ 企業の調達・購買部門はこう動いた―これからのほんとうのリスクヘッジ」日刊工業新聞社（2011）

著者略歴

坂口孝則《さかぐちたかのり》

一九七八年生まれ。調達・購買コンサルタント、講演家。未来調達研究所株式会社所属。大阪大学経済学部卒業後、電機メーカー、自動車メーカーに勤務。原価企画、調達・購買に従業。現在は、製造業を中心としたコンサルティングを行う。『牛丼一杯の儲けは9円』『営業と詐欺のあいだ』『未来の稼ぎ方』（以上、幻冬舎新書）、『製造業の現場バイヤーが教える　調達力・購買力の基礎を身につける本』『調達・購買の教科書』（ともに日刊工業新聞社）など多数の著書がある。

幻冬舎新書 696

買い負ける日本

二〇二三年七月二十五日 第一刷発行
二〇二三年十一月二十五日 第二刷発行

著者 坂口孝則
発行人 見城徹
編集人 小木田順子
編集者 竹村優子
発行所 株式会社 幻冬舎
〒一五一―〇〇五一 東京都渋谷区千駄ヶ谷四―九―七
電話 〇三―五四一一―六二一一(編集)
〇三―五四一一―六二二二(営業)
公式HP https://www.gentosha.co.jp/
ブックデザイン 鈴木成一デザイン室
印刷・製本所 中央精版印刷株式会社

Printed in Japan ISBN978-4-344-98698-5 C0295
さ-5-5

＊この本に関するご意見・ご感想は、左記アンケートフォームからお寄せください。
https://www.gentosha.co.jp/e/